2014年度教育部人文社会科学研究专项任务项目（中国特色社会主义理论体系研究）“以人为核心的新型城镇化理论”14JD710007

学·研·文·库

以人为核心的新型城镇化研究

潘可礼 | 著

中央编译出版社
CCTP Central Compilation & Translation Press

图书在版编目（CIP）数据

以人为核心的新型城镇化研究 / 潘可礼著. —北京：中央编译出版社，2020. 1
ISBN 978-7-5117-3701-4

Ⅰ. ①以…
Ⅱ. ①潘…
Ⅲ. ①城市化—研究—中国
Ⅳ. ① F299. 21

中国版本图书馆 CIP 数据核字（2018）第 296053 号

以人为核心的新型城镇化研究

出 版 人：葛海彦
责任编辑：李南男
责任印制：刘　慧
出版发行：中央编译出版社
地　　址：北京西城区车公庄大街乙 5 号鸿儒大厦 B 座（100044）
电　　话：（010）52612345（总编室）　（010）52612339（编辑室）
（010）52612316（发行部）　（010）52612346（馆配部）
传　　真：（010）66515838
经　　销：全国新华书店
印　　刷：三河市华东印刷有限公司
开　　本：710 毫米 ×1000 毫米　1/16
字　　数：188 千字
印　　张：11
版　　次：2020 年 1 月第 1 版
印　　次：2020 年 1 月第 1 次印刷
定　　价：68. 00 元

网　　址：www. cctphome. com　**邮　　箱**：cctp@ cctphome. com
新浪微博：@ 中央编译出版社　**微　　信**：中央编译出版社（ID: cctphome）
淘宝店铺：中央编译出版社直销店（http://shop108367160. taobao. com）（010）55626985

本社常年法律顾问：北京市吴栾赵阎律师事务所律师　闫军　梁勤
凡有印装质量问题，本社负责调换，电话：（010）55626985

前　言

城市是人类物质文明和精神文明的载体，从美索不达米亚平原苏美尔人建造的第一座城市开始，城市就孕育、生长着希望，实现着人类的梦想。两千多年前，古希腊很发达，当时一些思想家就开始以人的生活为核心探讨城邦的意义，他们认为城邦的目的应是至善、正义，即为了让人生活得更美好。古希腊哲学家亚里士多德说："人们来到城市，是为了生活；人们居住城市，是为了生活得更好。"[①]在漫长历史岁月中，人们带着对生活的美好向往，居留于城市，并建设城市，推动着世界各地的城镇化进程。

欧洲爆发工业革命以后，城镇化进程不再以人的生活为核心，而是以追求利润最大化为核心，即以物为核心。人在城镇化过程中被边缘化，甚至被异化。城市作为工厂的集中地和生产中心，迫切需要大量一无所有、只能自由地出卖自己劳力为生的工人。为此，资本主义通过"圈地运动"等手段，斩断了农民、农奴与土地之间的天然联系，将他们赶进城市做工，强迫他们变成市民。资本追逐利润最大化的逻辑，将大量人口和工厂聚集于城市，使得城市规模迅速扩大。1845 年，英国利物浦和曼彻斯特的人口接近 100 万，波尔顿、罗契得尔、奥尔丹、普雷斯顿、埃士顿和斯泰里布雷芝等城市，人口均超过 5 万。城市成为生产、剥削和压迫的中心，是富人的天堂、穷人的地狱。马克思主

① 转引自《十八大以来重要文献选编》(上)，中央文献出版社 2014 年版，第 604 页。

义理论探讨了城市产生和发展的历史过程，揭示了工人阶级在城市中的悲惨生活状况，描绘了一幅未来城乡一体化的美好蓝图。

改革开放以来，我国城镇化进程明显加快，取得了显著进展。美国经济学家斯蒂格利茨断言，21 世纪拉动世界经济发展的“两大引擎”是美国的高科技和中国的城镇化。国际社会普遍肯定中国城市发生的巨大变化，视之为中国发展的奇迹之一。然而，我国城镇化在快速发展过程中也存在一些有待解决的问题。例如农民工进城生活的问题、城市扩张占地问题、环境污染、城市治理问题等。走对路，才有出路。以习近平同志为核心的党中央提出了“以人为核心的新型城镇化”，将中国新型城镇化建设引上了一条高质量发展之路。

2014 年 3 月中共中央、国务院印发了《国家新型城镇化规则(2014—2020 年)》，将“城镇化中人往哪里去”“城镇化的费用从哪里来”“城市土地怎么用”等城镇化建设中的重大问题连贯成一个有机整体，阐述了新型城镇化的发展路径、主要目标和战略任务等内容，制定了以人为核心新型城镇化的指标体系，提出了一些关于城镇化的新思路、新举措，成为指导全国城镇化健康发展的宏观性、战略性、基础性规划。

在以人为核心的新型城镇化发展思路的指导下，我国新型城镇化建设成绩斐然，例如大力推进人文城市、绿色城市、新型城市群以及智慧城市等新型城市建设，全面提升了城市质量。本书尝试对以人为核心的新型城镇化发展进行理论和实践的研究，希望对我国未来城镇化健康发展提供借鉴。

目　录
CONTENTS

第一章

经典马克思主义理论中的城镇化思想

马克思和恩格斯在探索无产阶级解放以及全人类解放“何以可能”的过程中，对无产阶级这一“城市动物”的悲惨生存状况作了深刻描述，批判了资本主义以物为核心的城镇化进程中的非人道现象，描绘了未来城乡融合的美好景象。马克思主义理论总结了城市产生和发展的历史，揭示了城镇化进程的规律。

一、城市的起源

城市具有历史性，是生产力和生产关系发展到一定历史阶段的产物。在人类社会相当长的历史时期，比如蒙昧时代和野蛮时代早期，并没有城市。那时，生产力水平相当落后，石器是主要生产工具。人们靠狩猎、捕鱼、畜牧，或者种地为生，“在这个阶段，分工还很不发达，仅限于家庭中现有的自然形成的分工的进一步扩大”①。分工明显地带有自然性质，仅限于两性之间。男人捕鱼、狩猎、作战、制造工具；女人操劳家务，缝衣、做饭、照顾孩子。男人是森林里的主人，妇女是家庭的主人。在野蛮时代的中级阶段，亚洲人学会了驯服和养殖动物。人们为获取野生水牛，需要去狩猎，费时费力，饲养已经驯服的牛，不仅每年可以生一头小牛，而且还可以获得很多牛奶。掌握动物驯养技术的部落，比如雅利安人、图兰人和闪米特人等部落成为专门驯养和放牧牲畜的游牧部落。掌握畜牧技术的游牧部落从野蛮部落中分离出来，这是第一次社会大分工。② 这一阶段重要的科技成就有两个，织布机的发明和矿石冶炼技术。青铜器是铜和锡的合金，可以制造锋利的武

---

① 《马克思恩格斯选集》第1卷，人民出版社1995年版，第69页。

② 《马克思恩格斯选集》第3卷，人民出版社2009年版，第179页。

器和工具,但是不能完全替代石器。亚洲图兰平原的人学会了栽培牧草,掌握了谷物种植技术,生产出超过维持劳动力生存的多余粮食。游牧部落多余的产品数量较多,不仅有牛奶、乳制品、肉类,而且还有羊毛、兽皮和毛纺品,这就使得经常交换成为可能。

随着财富的增加,家庭中男人和女人的地位发生了变化,奴隶制在家庭中萌芽。男人从事放牧、制造生产工具,占有畜群、奴隶和交换来的商品等财富。男人原来在家庭中处于从属地位,是"粗野的"战士和猎人,如今变为家庭的主人,是"比较温和的"牧人。妇女从事的劳动是家务劳动、私人劳动,而不是社会劳动。恩格斯认为,只要妇女只从事私人劳动,而被排除在社会劳动之外,妇女就不可能获得解放,也不可能实现男女平等,而是依附、受制于男人。社会结构模仿家庭,是家庭结构的延伸。部落首领如同家里的父亲、家长一样,管理、控制着整个部落的成员。另外,由于产品需求的增大,使得畜牧业、家庭手工业和农业等生产部门生产量增加,客观上需要更多劳动力从事生产活动。人们不再杀死战争中的俘虏,俘虏变成了奴隶。第一次社会大分工既提高了劳动生产率、扩大了劳动场所,也带来了奴隶制,社会分裂为两大对立的阶级:奴隶主阶级和奴隶阶级。在野蛮时代中期,人们分散居住在茅屋、帐篷和岩洞中,"野蛮人的每一个家庭都有自己的洞穴和茅舍,正如游牧人的每一个家庭都有独自的帐篷一样"①。人们经常在野外空地上集会,从事以牲畜为等价物的交易活动。虽然这个时期有了一定规模的、相对固定的交易场所,但是没有形成城市。

野蛮时代的高级阶段是生产力突飞猛进的时代,是一切文化民族的英雄时代——铁器时代。铁犁和铁斧的锋利非石质工具所能比拟,使得人们大规模开垦荒地、森林,耕作大面积农田成为可能。铁器逐渐替代了青铜和石器。因为有了铁,手工业者有了非石头所能替代的斧头、砍刀、锯、剪刀、锤子等精巧而又耐用的工具。技术在进步,个人的财富也在迅速增加。越来越多的人脱离农业生产,专门从事金属加工业、织布业和造船业。一些人专门从事榨植物油、酿葡萄酒、食品加工等商业活动,于是发生了第二次社会大分工:手工业和农业的分离。随着社会生产分离为手工业和农业两大主要部门,产品互换成为必然,出现了以交换为目的的商品生产。贸易范围日益扩大,部落内部、部落之间,甚至海外贸易成为常态。商品生产和贸易创造了商人这个只从事商品交换的阶级,即一个完全脱离生

① 《马克思恩格斯选集》第1卷,人民出版社1995年版,第116页。

产而又领导生产的剥削阶级。商人的出现是人类社会具有决定意义的第三次社会大分工。在野蛮时代向文明时代过渡的门槛上,一些固定地用作手工业生产和商品贸易的场所,因为汇集了人口、生产工具、需求、消费和资本等,逐步发展成为最初的城市。恩格斯说:"用石墙、城楼、雉堞围绕着石造或砖造房屋的城市,已经成为部落或者联盟的中心。这是建筑艺术上的巨大进步,同时也是危险增加和防卫需要增加的标志。"①城市是生产力发展和社会分工的结果,城乡二元对立是阶级矛盾的空间化。城市是人类文明的重要标志,把人类社会由野蛮时代推向了文明时代。恩格斯说:"在新的设防城市的周围屹立着高峻的墙壁并非无故:它们的壕沟深陷为氏族制度的墓穴,而它们的城楼已经耸入文明时代了。"②

二、古典古代的城市

马克思在《1857—1858 年经济学手稿》中界定了三种前资本主义生产方式,即古典古代的生产方式、亚细亚的生产方式和日耳曼的生产方式。他又在《〈政治经济学批判〉序言》中,将亚细亚的、古希腊罗马的、封建的和资本主义的生产方式看作是人类社会演进的几个时代,并称它们为"人类社会的史前时期"③。古希腊和古罗马是古典古代生产方式,中国、印度和俄罗斯的亚洲部分是亚细亚生产方式,英国、法国和德国是日耳曼生产方式。

古典古代的历史实质上是城市的历史。马克思认为,古典古代的"所有制是由于几个部落通过契约或征服联合为一个城市而产生的"④。一个城市或者城堡连同附近数公里的乡村组成城邦。城邦是一个公民的共同体,他们有着相同或者相近的血缘、习俗、宗教信仰和语言等。当然,有些城邦并没有城市或者城堡,比如斯巴达。有学者研究表明:城邦的面积一般在 50 至 100 平方公里,公民人数在 625 人至 1250 人之间,战士的数量从 225 人到 625 人不等。⑤ 人口超过万人的城邦不多,柏拉图设想的理想国也不过 5040 人,属于典型的"小国寡民"社会。斯巴

---

① 《马克思恩格斯文集》第 4 卷,人民出版社 2009 年版,第 182 页。
② 《马克思恩格斯文集》第 4 卷,人民出版社 2009 年版,第 183 页。
③ 《马克思恩格斯文集》第 2 卷,人民出版社 2009 年版,第 592 页。
④ 《马克思恩格斯文集》第 1 卷,人民出版社 2009 年版,第 521 页。
⑤ 杨共乐:《古代希腊城邦特征探析》,载《北京师范大学学报》,2008 年第 6 期。

达例外，属于特大型城邦。在征服美塞尼亚后，斯巴达空前繁荣，有 9000 名士兵，8400 平方千米领土，3 万人口，参加公民大会的法定公民为 6000 人。古典古代的生产资料所有制形式是公社所有制和国家所有制。那时，人们把生产资料分为动产和不动产两部分。动产是奴隶和牲畜。奴隶是“会说话的工具”，牲畜是哑巴工具。不动产是指固定资产，比如土地、生产工具、房屋等。城邦代表自由公民占有生产资料，是一种共同私有制。这是在当时历史条件下，面对着奴隶的激烈反抗斗争，城邦不得不采用的一种积极的私有制形式。在公社和国家所有制下，私人也拥有一定量的动产和不动产，共同体所有和私人所有共存于古典古代的生产方式中。然而，这种个人私有制形式是“作为一种反常的、从属于公社所有制的形式发展起来的”①。个人私有制对公社所有制、国家所有制的这种从属和依附现象，使得古典古代的共同体黏合力较强、社会结构相对稳固。马克思认为，这种与人们利益相关的共同体不容易被瓦解、解体，古典古代的社会无法凭借自身力量演变为近代市民社会。唯有借助于外力，古典古代社会才能被瓦解。

城邦的社会分工比较发达，城乡对立现象比较普遍，“一些代表城市利益的国家同另一些代表乡村利益的国家之间的对立出现了，在城市内部存在着工业和海外贸易之间的对立，公民和奴隶的阶级关系已经充分发展”②。当时，城市内部的社会等级森严，奴隶和公民之间的阶级矛盾尖锐。关于古希腊、古罗马城邦的社会分工状况，我们能从柏拉图的“理想国”中窥见一斑。“理想国”是一个分工明确、等级森严的正义之邦。第一等级是用黄金做成的统治者或者治国者，具有智慧的素质。哲学家成为国王，或者国王成为哲学家，哲学王把政治权力与聪明智慧合二为一。哲学王只有按照善的理念治理城邦，城邦才能如同一个人那样，兼具智慧、勇敢和节制的品质，成为公平正义之邦。第二等级是用白银做成的军人护卫者和年轻的辅助者或助手，具备勇敢的素质。战士的职责是开疆拓土、抵抗和驱逐入侵之敌，保卫城邦的安全。第三等级是生产者，他们的素质是节制。城邦中的农民、手工业者、商人、佣人、奴隶等是生产者，他们的职责是满足每个人的衣、食、住、行的生活需要。生产者的工作虽然辛苦、劳累，但由于他们具备了节制的美德、品行，依然任劳任怨。柏拉图的理想国旨在论证城邦等级制度的天然合理性，这是不言而喻的阶级实质，然而它提供的一些城邦社会的史料，能帮助我们

① 《马克思恩格斯选集》第 1 卷，人民出版社 1995 年版，第 69 页。
② 《马克思恩格斯选集》第 1 卷，人民出版社 1995 年版，第 69 页。

深刻地领会马克思在《德意志意识形态》中用精炼语言所描述的古典古代城市的社会结构状况。

古罗马和古雅典是古典古代的著名城市。马克思说:"古典古代的历史是城市的历史,不过这是以土地所有和农业为基础的城市。"①一些贵族利用职权将部分公社土地据为己有,然后让平民或者奴隶耕种这些土地。城市是农村的自然延伸,耕地不过是城市的领地。马克思认为:"第二种形式(古典古代)不是以农村作为自己的基础,而是以城市作为农村人(土地所有者)的已经建立的居住地。耕地表现为城市的领土;而不是(像在第一种形式中那样)村庄表现为土地的单纯附属物。"②城市是贵族们生活、居住的堡垒,农村是城市生活资料的来源地。古典古代的人重视农业,把农业作为贵族和自由民的本业。因为农业不仅为城市提供生活资料,而且能让人们养成高尚的道德品质。他们把农业当作一所培养士兵吃苦耐劳优秀品质的大学校。古典古代城市毗邻大海,一些剩余的农产品被用来海外贸易,商业比较发达。但是人们轻视商业,尤其蔑视手工业,手工业者没有公民身份。在古代罗马,"任何罗马人都不许做商人或者手工业者为生"③。在古罗马、古希腊,不会出现像在中世纪城市中行会备受尊崇的情形。在重农抑商社会风尚的浸染下,城市居民不是依靠工商业为生的"城里人",而是居住在城市的"农村人",城市与乡村连为一个有机的经济整体。马克思说:"古代的起点是城市,及其狭小的区域。"④古典古代城市的发展趋向于乡村化、"逆城市化",它们没有自己的独立经济产业,而是完全依赖于农业生产。城市依附于乡村,与乡村连为一体。可见,古典古代城市和农村并没有发生真正分离,难以演变为现代城市,居民也不能成为现代意义上的市民。概而言之,由于古典古代的城市反方向发展,因此它不能成为瓦解共同体的革命性力量,即古典古代社会不能凭借自身力量转变为市民社会。

---

① 《马克思恩格斯全集》(第46卷上),人民出版社1979年版,第480页。
② 《马克思恩格斯选集》(第30卷),人民出版社1995年版,第469页。
③ 《马克思恩格斯全集》(第46卷上),人民出版社1979年版,第478页。
④ 《马克思恩格斯选集》(第1卷),人民出版社1995年版,第70页。

三、亚细亚生产方式的城市

自19世纪80年代开始,马克思的视线逐渐东移。以俄国为中心的东方世界革命风起云涌。这时期出现了一些关于东方社会以及原始社会的学术研究成果,比如哈克斯特豪森发现了俄国的土地公有制,毛勒证明了村社公有制是印度的原始社会形态,1877年摩尔根出版《古代社会》,论述了氏族的本质以及氏族与部落的关系,等等。这几个方面的因素共同促使马克思把学术注意力转向东方社会,形成了经典马克思主义的东方理论。在1853年以前,马克思的亚细亚生产方式概念沿用了西欧流行的亚细亚观,即亚细亚采取的是东方专制主义,一切土地归国家、国王所有。在《1857—1858年经济学手稿》中,马克思对亚细亚生产方式的认识有了新变化。他一方面坚持"土地王有"的观点,另一方面强调种族或者共同体占有制。马克思说:"在大多数亚细亚的基本形式中,凌驾于所有这一切小的共同体之上的总和的统一体表现为更高的所有者或唯一的所有者,因而实际的公社只不过表现为世袭的占有者。因为这种统一体是实际的所有者,并且是公共财产的实际前提,所以统一体本身能够表现为一种凌驾于这许多实际的单个共同体之上的特殊的东西,而在这些单个的共同体中,各个个别的人事实上失去了财产……因为这种财产,是由作为这许多共同体之父的专制君主所体现的总的统一体,以这些特殊的公社为中介而赐予他的。"①

亚细亚生产方式没有真正的私有制,个人只是占有而不是所有,所有制的真正主体是共同体或者共同体的最高人格代表——君主,共同体的成员被束缚在土地上,不过是隶属于君主的臣民。在封建宗法伦理关系的规范下,整个社会形成了一个等级森严的控制体系。马克思还发现,东方文明多产生于大江大河旁边,比如中国的长江、黄河,古印度的恒河,埃及的尼罗河,巴比伦的底格里斯河和幼发拉底河等。由于灌溉和兴修水利的需要,东方社会普遍存在着土地公有制度,并在此基础上形成强大的中央集权制度。亚细亚生产方式的奴隶制不明显,不如古典古代的奴隶制典型,奴隶制和封建制区别不大。东方社会的封建制最为典型,由于土地公有和受中央集权的控制,农民脱离土地束缚的进程极其缓慢。当

① 《马克思恩格斯全集》(第30卷),人民出版社1995年版,第467页。

西欧各国已经进入资本主义社会以后，东方社会则普遍处于前资本主义社会。根据马克思的描述，亚细亚共同体的模型如图 1－1 所示：

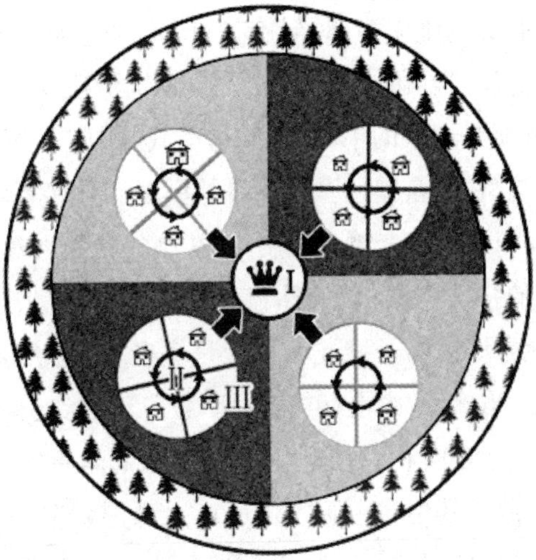

图 1－1　亚细亚共同体模型

I 为国王；II 为共同体（村落）；III 为家庭。

亚细亚的生产方式固化在城市中。古代的东方城市，既是君主和王公大臣们居住和消费的场所，又是君主专制统治的工具。马克思说："亚细亚的历史是城市和农村的一种无差别的统一（本来的大城市在这里只能看作王公的营垒，看作本来的经济结构上的累赘）。"①这一特点贯穿中国城市历史的始终，影响着中国城乡发展状况。中国幅员辽阔，人口众多，与古希腊、古罗马的小国寡民城邦截然不同。中国社会是大一统社会，基础是自给自足的小农经济，小农经济具有天然的分散性和孤立性，缺乏内在的联系，如同一盘散沙。以君主为核心的专制王朝统治制度如同黏合剂、混凝土一样，把分散状态的小农社会黏合为一个有机整体，不至于如同欧洲中世纪社会那样长期处于诸侯割据状态。封建专制王朝要想对处于遥远区域的偏僻乡村进行有效的统治，必须借助于城市的纽带作用。中央的都城、地方郡县城市和村镇，如同一个个营垒，从点到面把全国连成一体化的有机整体。

① 《马克思恩格斯全集》（第 46 卷上），人民出版社 1979 年 7 月版，第 480 页。

城市从来不是由青砖、黑瓦、白灰、泥土等黏合而成的物质性建筑，文化和权力是城市的灵魂，它们让城市变得鲜活和有生命。中国古人在建造城市时，将封建礼教和权力融入城市建筑物中，各种建筑蕴含着权力，权力通过建筑物散发出来，弥漫于城市空间，润物细无声，时刻控制和规训着生活于其中的人们。在中国传统文化中，中心位置尊贵，边缘场所卑下；中心统治边缘，边缘依附于中心。国家是世界的中心，都城是国家的中心；皇城是都城的中心，皇帝是皇城的中心。城市内环绕着各种垣墙，比如宫墙、坊墙、衙署的围墙和外墙等，将城区分为皇城、子城和附郭区，在空间布局上符合封建礼制，把礼制的精髓通过空间布局展示出来，制造了一个等级性的排斥空间，以此凸显王权的合法性和凌驾于臣民之上的权力。都城的皇城、地方城镇的子城或衙署区是皇帝、王公大臣、军兵的生活空间，排斥普通居民入住。当然，城内也存在着一些服务于官吏士绅的店铺以及店主的住宅。城市外附郭街区是商业、手工业和普通民众的聚集区。城郭外面是一望无际的农田，些许村落散布其中。中国古代城市大都围绕着高大的城墙，是汉文化圈的特有地理景观。城墙不仅具有防御职能，而且也是一种权力符号，是帝王、政府威权的象征。高大城墙与高耸的城楼、宽阔的护城河共同组成了一幅象征王权威严和权力的图画，散发出威严和肃杀之气，起到震慑黔首和叛乱者的作用。可见，中国古代的城市、城墙和城市布局不单是一种地理存在，还是君主专制和封建礼教文化的物质载体，这使得以中国封建社会为典型的亚细亚共同体异常稳定、稳固。马克思说："亚细亚形式必然保持得最顽强也最长久。这取决于亚细亚形式的前提：即单个人对公社来说不是独立的，生产的范围仅限于自给自足，农业和手工业结合在一起等。"①亚细亚共同体的瓦解过程，将是一个异常艰难和漫长的历史时期，需要凭借外部力量或者另辟蹊径。毛泽东说："中国封建社会内的商品经济的发展，已经孕育着资本主义的萌芽，如果没有外国资本主义的影响，中国也将缓慢地发展到资本主义社会。"②

那么，亚细亚生产方式的东方世界应该沿着什么样的方向发展呢？马克思晚年对此问题作了深入思考，留下了一批极有价值的书信和研究材料。恩格斯对这个问题也作了探讨和论述。从他们的研究中，我们可以窥探出马克思主义经典创始人关于亚细亚生产方式发展方向的思想。1881年马克思致信俄国女革命家查

① 《马克思恩格斯全集》（第46卷上），人民出版社1979年7月版，第484页。

② 《毛泽东选集》（第2卷），人民出版社1991年6月版，第626页。

苏利奇，信中明确指出，《资本论》揭示的人类社会发展道路，即从原始社会、奴隶社会、封建社会、资本主义社会向共产主义社会发展的历史必然性运动，“明显地限于西欧各国”①。人类社会的发展路径是多线条、多样性的统一，比如俄国的“农业公社”与资本主义生产方式并存，而西欧各国的公社远在日耳曼部落占领高卢、西班牙和意大利等地的时期，已经土崩瓦解了。马克思由此得出结论，人类社会的演进路径并不是唯有西欧一种样式，东方亚细亚社会或许走上一条异于西欧的路径。东方社会，特别是印度和俄国，社会发展路径有两种选择。马克思说：“‘农业公社’的构成形式只可以有两种选择：或者是它所包含的私有制因素战胜集体因素，或者是后者战胜前者。先验地说，两种结局都是可能的，但是，对于其中任何一种，显然都必有完全不同的历史环境。一切都取决于它所处的历史环境。”②

农业公社具有双重性质，一方面它是公有制，公有制的社会关系让公社的基础稳固；另一方面它包含着私有制成分，部分耕地、产品和动产（奴隶、牲畜）被私人占有。公社的双重性质决定了公社的两种前途，或者走向市民社会，或者不通过资本主义制度的卡夫丁峡谷③直接过渡到共产主义社会。马克思认为，在一定条件下俄国能跨越资本主义的卡夫丁峡谷直接进入共产主义社会。俄国的农业公社保存得较好，不像印度的公社那样被殖民者破坏。俄国的土地公有制以及劳动中的合作关系，使得集体大面积使用机器耕作土地成为可能。如果政府能给予农民足够的经济支持，俄国的农业公社就能直接过渡到共产主义社会。但是这种过渡必须以暴力革命为前提，即无产阶级必须用暴力革命推翻沙皇的反动统治，掌握国家政权。在1882年的俄文版《共产党宣言》序言中，马克思和恩格斯说：“假如俄国革命将成为西方无产阶级革命的信号而双方相互补充的话，那么现今的俄国土地公有制便能成为共产主义发展的起点。”④

---

① 《马克思恩格斯选集》（第3卷），人民出版社1995年版，第774页。

② 《马克思恩格斯选集》（第3卷），人民出版社1995年版，第765页。

③ 公元前321年第二次萨姆尼特战争时期，萨姆尼特人在古罗马卡夫丁城（今蒙泰萨尔奥基）附近的卡夫丁峡谷包围并击败了罗马军队。按照意大利双方交战的惯例，罗马军队必须在由长矛交叉构成的“轭形门”下通过。这被认为是对战败军的最大羞辱。“通过卡夫丁峡谷”一语由此而来，意即遭受奇耻大辱。

④ 《马克思恩格斯选集》（第1卷），人民出版社1995年版，第251页。

四、日耳曼生产方式的城市

马克思说："日耳曼的公社并不集中在城市中。中世纪（日耳曼时代）是从乡村这个历史的舞台出发的，然后，它的进一步发展是在城市和乡村的对立中进行的；现代的（历史）是乡村城市化，而不像在古代那样，是城市乡村化。"[①]日耳曼生产方式原本没有城市，农村公社以及各种孤立分布的家庭组成松散的日耳曼共同体，城市是在农村出现社会分工和阶级对立的基础上产生的。严格地说，亚细亚和古典古代共同体没有个人私有制，唯有日耳曼共同体有真正意义的私有制。

马克思在《1857—1858 年经济学手稿》的"资本主义以前的各种形式"一章中，详细阐述了日耳曼的私有制状况。日耳曼人有自己的土地，他们对土地有占有、使用、处分和收益的权利，公社共同体无权干涉，不能像亚细亚共同体那样榨取土地的部分收益。家庭散落在森林中，距离相隔很远。家庭是一个经济整体，本身构成一个独立的生产中心。虽然以家庭为单位的生产模式不像亚细亚的小共同体模式那样成熟，但是有利于形成完善的交换和分工体系。农民不是城市居民和国家公民，孤立的、独立的家庭是日耳曼共同体的基础。这些孤立的家庭在遇到重大问题时，比如战争、宗教典礼、诉讼争端等问题，通过临时集会发生联系。与古典古代共同体类似，日耳曼共同体也有一些共有土地，即公社土地或者集体土地，包括猎场、采樵地、牧场、森林、山地、河流、湖泊等。不过，个人土地私人所有占主体地位，共有土地是私有的补充。共同体的共有土地以个人私有为中介，附属于个人私有，实际上是个人所有者的公共财产。日耳曼的公社作为一种血缘和语言的共同体，松散而又无力，容易因为内部出现社会分工和阶级对立而土崩瓦解。在马克思的眼中，日耳曼的个体所有制才是真正意义上的私有，是近代私有制谱系的源头。日耳曼共同体的散居模型如图 1－2 所示：

① 《马克思恩格斯全集》（第 30 卷），人民出版社 1995 年版，第 474 页。

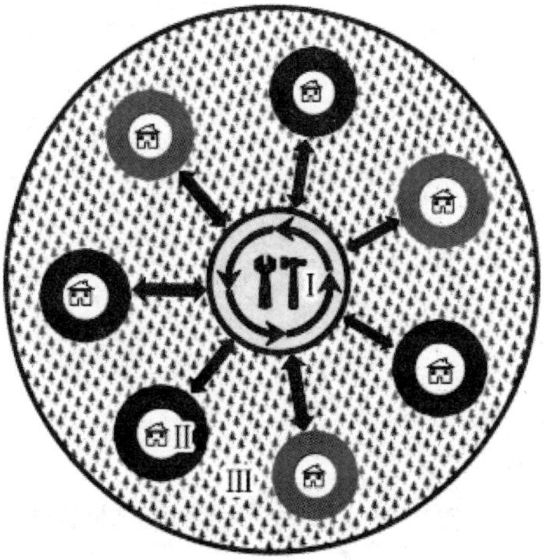

图1–2　《资本主义以前的各种形式》中日耳曼共同体的散居模型

Ⅰ集会地（市场）；Ⅱ农家；Ⅲ公有地。

关于日耳曼共同体的所有制方式，马克斯·韦伯提出了“村落共同体”的观点。在名著《经济史》中，韦伯作了详细的图示化说明(参照图1-3)。村落共同体是一个五重同心圆，圆心是村落。Ⅰ是农民私有的房屋和宅基地；Ⅱ是农民私有的菜园和自留地；Ⅲ是共同耕地；Ⅳ和Ⅴ是份地制度下的公共用地。虽然Ⅲ、Ⅳ和Ⅴ表面上是公社的共同用地，但是它按照家庭成员的多寡分配给农民占有和使用。日耳曼共同体就是以个人私有制为核心的群居村落。马克思在《给维·伊·查苏利奇的复信》中提出的“农耕共同体”与韦伯的观点类似。马克思说：“房屋及其附属物——宅地是农民个人的，耕地是不准让渡的共同体所有，定期在农耕共同体成员之间进行重分。因此，每一共同体成员用自己的力量来耕种分给他的土地，并把产品留为己有。”[①]日耳曼共同体的私有制以及松散的共同体，容易从自身内产生瓦解体系的力量。日耳曼共同体走“农村城市化”的路径，产生了现代城市，在18世纪进入了市民社会。

① 《马克思恩格斯选集》(第3卷)，人民出版社1995年版，第764页。

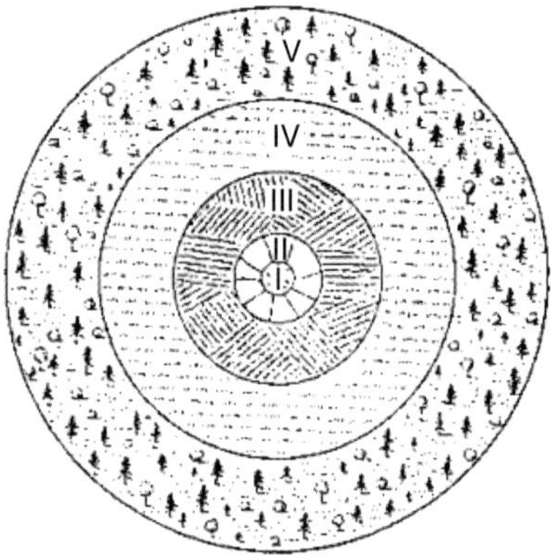

图1—3 马克斯·韦伯的村落共同体模型

Ⅰ，Ⅱ宅基地和自留地；Ⅲ共同耕地；Ⅳ和Ⅴ共同地。

马克思在《1857—1858 年经济学手稿》中没有阐述近代城市的形成过程，日本学者大冢久雄和望月清司作了补充论证。日本著名经济学家大冢久雄以马克思的"散居"思想和韦伯的"村落共同体"为理论基础，解释了近代城市的形成过程，被称为"大冢史学"。大冢史学认为，产业资本主义的开端及其社会谱系不是发达的商业社会，而是落后的农村手工业和工业。农村地区的"地域分工圈"和"地域市场圈"是产业资本主义和近代城市的开端。地域市场圈就是农民和手工业者在一定区域从事商品交换和生产的集市。散落在农村中的各种集市是近代城市的诞生地，英国曼彻斯特等城市就是这样产生的。望月清司借助大冢久雄的"地域市场圈"思想和马克思关于日耳曼城市的"农村城市化"理论，指出近代西欧的城市化并不是源于阿尔卑斯山脉南部的"地中海区域"，尽管那里的城市星罗棋布，而是诞生于阿尔卑斯山脉北部农村中星罗棋布的集市。望月清司说："日耳曼世界城镇化的主角不是这些巨大的城市（在中世纪是 1 万人以上的城市），而是零星分布于村落旁边的小集市城市，日落以前农民会背着粮食、布匹还有奶酪往返于其中。农民的剩余不会因商人的谋略和欺骗而被洗劫一空。正是这些享受一物一价原理的小市场群才是'城市和农村分工'的原点和开端。这一地域市场圈的核心即市场一开始是作为分工和交往关系的现象形态临时出现的，随着人口的迅速集中和交易量的迅速扩大，市场逐渐固定，成为长期设施，具备了'城市'的外在形式。”①也就是说，随着生产力的发展和私有制的产生，一些小集镇、小市场群因聚集、汇聚了商品生产和交换的诸要素而产生了近代城市。

五、城市与市民社会

（一）市民社会的形成

严格地说，中世纪欧洲可以说是一段没有国家的历史。由于国家的不在场，城市履行了一些国家的职能，它有政府、警察、法庭、监狱、赋税等政治机关，马克思在《资本论》中称之为“主权城市”。城市逐渐成为人们的主要生活场所，人们由“乡村动物”转化为“城市动物”，市民阶级成为社会的主要阶层。在18世纪，欧洲的城市之间、城市与农村之间联系日趋紧密，出现了一种以城市为中心的新社会样式，即市民社会。马克思和恩格斯说：“‘市民社会’这一用语是在18世纪产生的，当时财产关系已经摆脱了古典古代的和中世纪的共同体。”②

城市中有各种利己主义者的联盟，其中手工业行会的地位最为重要。欧洲有句著名的谚语：“城市的空气使人自由。”对世代被束缚在土地上的农奴而言，城市是自由的地方。在中世纪，在乡村遭受主人迫害的众多农奴逃往城市。欧洲的一些城市不是历史地继承下来的，而是由获得自由的农奴建立起来的。农奴赖以生存的资本除了一点零花钱和随身携带的手工工具之外，就只有自身的劳动力了。在城市里，获得自由的农奴首先遇到的是有组织的团体——行会。行会是手工业者为了反对城市贵族的掠夺、保护辛苦学来的手艺以及消除同行业的恶性竞争等目的而建立起来的手工业封建组织。只身逃亡到城市的农奴根本不可能形成一种独立的社会力量，如果他们不学习手艺，不当学徒，而是做日工，就成为无组织的平民。多数农奴为了谋生，拜师学艺，加入了行会组织。师傅按照自己的利益对学徒和帮工进行培训，用宗法关系将他们组织起来。帮工为师傅做工，师傅占有多数劳动成果，安排帮工的衣食住行。师徒如父子，帮工不仅向师傅学艺，也学习做人的道理。师傅是帮工联系在一起的纽带，同一师傅的帮工往往联合起来反

① 韩立新：《中国的“日耳曼式”发展道路》（上），载《教学研究》，2011年第1期。

② 《马克思恩格斯选集》（第1卷），人民出版社1995年版，第130页。

对其他师傅的帮工。由于帮工最大的理想是升为师傅,因此他们总是处处顺从师傅,安于现状,从来不搞反对行会制度的叛乱。有些师徒之间因提高福利待遇等纠纷,偶尔也发生一些小冲突。中世纪所有的大规模起义都是在农村爆发的,由于农村地广人稀,力量分散,起义均告失败。帮工们总是对工作兢兢业业,任劳任怨,热爱自己的手工业,这种热爱让他们的手工作品达到了某种艺术境界。马克思说:"中世纪的每一个手工业者对自己的工作都是兢兢业业,安于奴隶般的关系,因而他们对工作的屈从程度远远超过对本身工作漠不关心的现代工人。"①

中世纪师傅与帮工、学徒和平民之间的对立,是现代市民社会阶级矛盾的萌芽。然而,中世纪不是市民社会。虽然市民社会中无产阶级的劳动也是被迫的,但是无产阶级总是像逃避瘟疫那样去逃避劳动,对劳动毫无热爱之情。市民社会的原文"bürgerliche Gesellschaft",这个概念有"资本主义社会"的含义。马克思说:"真正的市民社会只是随同资产阶级发展起来的;但是市民社会这一名称始终标志着直接从生产和交往中发展起来的社会组织,这种组织在一切时代构成国家的基础以及任何其他的观念的上层建筑的基础。"②十四、十五世纪,随着生产力发展和交往范围的扩大,地中海沿岸的一些城市,比如威尼斯、热那亚和佛罗伦萨等城市,出现了资本主义生产方式的萌芽。

在16世纪,随着中世纪主权城市的衰落,开启了资本主义的新时代。恩格斯认为,"分工,水力、特别是蒸汽力的利用,机器的应用,这就是从18世纪中叶起工业用来摇撼旧世界基础的三个伟大的杠杆。"③大工厂需要许多工人参加劳动,工人们居住在工厂附近。工人需要购买日常生活资料和服务,于是手工业者、裁缝、鞋匠、面包师傅、泥瓦匠、木匠都搬到工厂附近做生意,天长日久,在工厂附近就形成了村镇。村镇里的居民,特别是青年人习惯了村镇的生活方式。相比在田野里种地,青年人更喜欢到工厂上班。当村镇的工厂不能满足工人就业需要的时候,新的厂主又在这个地方投资办厂,于是村镇发展成为小城市,小城市又变成大城市。大城市交通方便,有顾客云集的市场,有规模庞大的工厂,决定了大城市以惊人的速度增长。1845年,英国出现了居民达70万人口的利物浦和曼彻斯特这样的大城市及其附近的城市:波尔顿、罗契得尔、奥尔丹、普雷斯顿、埃士顿和斯泰里

---

① 《马克思恩格斯选集》(第1卷),人民出版社1995年版,第107页。

② 《马克思恩格斯选集》(第1卷),人民出版社1995年版,第131页。

③ 《马克思恩格斯全集》(第2卷),人民出版社1965年版,第300页。

布雷芝等超过5万人口的城市。资本主义的城市迫切需要工人,即那些有人身自由,摆脱了对农场主和手工业行会师傅人身依附关系的人。他们没有生产资料,一无所有,但是能自由地出卖自己的劳力为生,亦即产业工人。为此,资本主义割断了农民、农奴与土地的联系,把他们赶进城市做工,成为市民。然而,近代的城市化是以追逐利润为核心的过程,是残酷剥夺农民的血腥历史,“而对他们的这种剥夺的历史是用血和火的文字载入人类编年史的”①。

1.“羊吃人”的圈地运动:对农民土地的掠夺

16世纪最初几十年,英国弗兰德地区的毛纺织业日益繁荣,羊毛价格大幅上涨。新兴资产阶级看到饲养羊群有利可图,提出了“把耕地变为牧场”口号,他们采取暴力手段强行拆除农民的住房,把他们从土地上赶走,开始了疯狂的圈地运动。英国一项圈地法令规定,房屋的存在必须保有4英亩土地,低于此标准,修建房屋的人就是犯罪行为,所修的房屋必须被立即拆除。1627年的查理一世时代,农民罗吉尔·克罗克在丰特米尔的领地上修建房屋时,因为没有4英亩土地作为房屋的永久性附属物而被法院判处有罪。1638年查理一世专门任命了一个皇家委员会监督关于房屋建设必须保有4英亩土地的法律实施情况。克伦威尔时期,禁止在伦敦周围4英里的地区兴建没有4英亩土地作为附属物的房屋。于是,那些低于4英亩土地的自耕农因为没有居所被迫将土地卖给大农场主,他们与无地的农民一起,被赶到城里。在1750年前后,随着私有土地被圈占养羊,自耕农在英国消失。亨利八世25年颁布的法令描写了当时的情景:“很多租地和大畜群,特别是大羊群集中在少数人手中,因此地租飞涨,耕地荒芜,教堂和房屋被毁,无力养家糊口的人多得惊人。”②

在圈地运动之前,自耕农甚至农奴,不仅是宅旁小块土地的所有者,而且也是公共土地的共有者。他们在共有地上放牧,获取干草、木材、黑炭等燃料。共有地是一种在封建制度的掩护下,得以保存下来的一种古代日耳曼土地占有制度。对共有地的暴力掠夺开始于15世纪末,在16世纪还在继续进行。一开始的时候,这种掠夺是个人的行为,屡禁不止。在18世纪,国家公然采用法律、军队等暴力形式掠夺公有地,最著名法令莫过于英国颁布的《公有地圈围法》。这个法令硬把共有地说成是大土地所有者的私有地,详细规定了圈地的具体方法。法令逻辑混

① 马克思:《资本论》(第1卷),人民出版社1975年版,第783页。
② 马克思:《资本论》(第1卷),人民出版社1975年版,第787页。

乱,自相矛盾,竟然规定了所谓的“补偿”数目,给予那些被剥夺土地的贫苦农民。这个法令实质上就是地主把共有土地当作私有财产赠送给自己的法令,是一个明目张胆地剥夺农民土地的法令。随着大土地所有者对共有土地的不断盗窃,18世纪的欧洲逐渐出现了许多大租地农场,也被人们称为资本租地农场或者商人租地农场。大量的农村居民变成无产阶级,从农村“游离”出来,投向城市,从事工业生产。

托马斯·莱特(Thomas Wright)在《论大农场垄断的简短的公开演说》中愤慨地说道:“在北安普顿郡和林肯郡,圈围共有地的做法十分流行,由于圈地而形成的新领地大部分都变成牧场;结果在很多领地中,现在耕地还不到50英亩,而过去曾经耕种过1500英亩。过去的住宅、谷仓、马厩等变成的废墟是以往居民留下的唯一痕迹。在某些地方,100所房屋和家庭已经减少到8所或10所。在大多数不过15年或20年前才开始圈地的教区,土地所有者的数目同以前耕种开放地的所有者的人数相比是很少的。往往还有这样的事情,4至5个富有的畜牧业主侵吞了不久前圈围的大片领地,这些土地以前是在20至30个租地农民和同样数目的较小的所有者以及其他居民的手里。所有这些人和他们的家属,从自己的土地上被赶走,同他们一起被赶走的,还有替他们做工以维持生活的许多其他人家。”①

有资料统计,仅在1801年到1831年间,农村居民被夺去的共有地就达3511779英亩之多,农村居民为此却没收到过一文钱的补偿。清扫领地运动是英国对农民土地的最后一次掠夺,也是一切剥夺方法的顶点。所谓清扫领地运动,是要把小屋“清扫”掉,让农民没有栖身之所,实际上是把他们从领地上彻底地清扫出去。清扫运动具有系统性,规模巨大。在爱尔兰,农场主同时把几个村庄清扫掉;在苏格兰,一次清扫的土地面积相当于几个德意志公国。法律命令禁止被清扫出的农民移居到外国,必须到格拉斯哥或者其他工业城市做工。在清扫领地运动中,苏格兰的萨特伦德公爵夫人的做法最为典型。萨特伦德夫人是一位懂经济学的狠毒女人,她一掌权,就对经济进行所谓彻底改革,将全郡变为牧场。在1814年到1820年间,这个郡内居住着大约15000盖尔人,3000户左右。萨特伦德夫人命令士兵破坏村庄,烧毁房屋,一个老太太因为拒绝离开小屋,竟然被活活地烧死在里面。这位夫人用粗暴、野蛮的方法,陆续驱离了15000个居民,将794000

① 转引自《资本论》(第1卷),人民出版社1975年版,第794页。

英亩的土地据为己有，这些土地全部变成了牧场，喂养了131000只羊。萨特轮德夫人是“善良”和“宽宏大量”的，她把3000户居民赶到海边以后，将沿海地区6000英亩的荒地，以每英亩2先令6便士的租金租给他们，每户2英亩。这些荒地不能耕种，从来没有收入。这些被赶到海边的人只有靠捕鱼为生，变成了一半生活在陆上，一半生活在水中，过着饥寒交迫生活的“两栖动物”。这些盖尔人逆来顺受，含辛茹苦。然而，他们的悲惨命运远非如此。当萨特伦德夫人得知沿海地区有利可图时，便把沿海荒地又租给了大鱼商经营。可怜的盖尔人又一次被驱逐，只能到城里做工或者流浪。

随着牧羊场的增多，养羊不再是暴利行业。英格兰的贵族就把牧羊场变成了狩猎场。英格兰并没有原始森林，贵族们就在苏格兰高地种植了新森林，在里面养鹿。鹿苑中的鹿被养得像牲畜，胖得如同伦敦的市议员。在鹿苑打猎成了贵族们的时尚运动，他们不惜千金博得一笑。然而，却给苏格兰高地的盖尔人带来了无限的痛苦。鹿有了自由的活动场所，人民的自由却被剥夺，压迫日甚一日，生活在困苦中。总之，新兴资产阶级用暴力手段盗窃共有地，用剥夺方法、用残暴的恐怖手段把封建财产和克兰财产（在古典经济学中泛指部族或氏族的财产）变为现代私有财产等所谓的原始积累的田园式方法，为资本主义农业争得了地盘，将土地与资本结合起来，为城市工业提供了大量的劳动力。正如托马斯·莫尔在《乌托邦》中描写的一个奇怪的国家，在那里，温顺的羊竟然把人吃掉了。资本主义圈地运动的历史，反映的是羊吃人、人吃人的资产阶级发家史，同时也是农民的苦难史。

2. 农民变市民的苦难历程

失去家园和土地的人被抛进了城市，成了不受法律保护的无产阶级。由于城市新兴的工场手工业一下子吸收不了这么多的人就业，再加上一些人习惯了长期日出而作、日落而息的农村生活，而对作息时间黑白颠倒、工作纪律严格的工厂不适应，拥挤到城市中的很多人难以被城市接纳，他们成为乞丐、盗贼和流浪者，成了城市的不稳定因素。

城市乞丐和流浪者自古就有，他们在古希腊被社会认可和接纳，有的还被认为是智者。查伦说：“智慧和疯狂非常接近。两者之间，只是一砖之隔。这一点可以从无理智者的行动之中清楚地看到。”①犬儒学派的著名代表人物第欧根尼（约

① 〔法〕米歇尔·福柯：《古典时代疯狂史》，三联书店2005年版，第52页。

公元前404—前323),就是一名流浪智者。第欧根尼认为,人要节制自己,对于苦和乐必须无动于衷;要抑制自己的欲望,对一切无所求,行乞生活的人最幸福。第欧根尼自称为"犬",以过着动物和野蛮人的生活方式为荣。一根野橄榄树枝做的棍子,一件褴褛的外衣(夜里也当被子用),一个讨饭袋和一只取水用的杯子,就是他的全部家当。第欧根尼像犬一样到处游荡,住在雅典的街上、市场上和垃圾桶里。他常常在太阳高照的中午打着灯笼,在大街上寻找真理。雷尼耶在一首诗中写道:

上百次,我手上提着灯笼

在正午里寻找……①

资本主义生产需要大量的有人身自由、能自由出卖自身劳动力的劳动者,不需要流浪智者、乞丐,更不需要小偷。成千上万的被暴力剥夺了土地,被驱赶到城里变成流浪者的农民,被各种古怪的法律惩罚,被迫习惯于雇佣劳动的纪律和生活方式。从15世纪末开始,欧洲各国都陆续颁布了惩治流浪者的血性法律,进入了"大监禁"时期。法律视乞丐、流浪者为精神病患者、罪犯和叛国者,将他们监禁、惩罚甚至处死。无产者之所以如此被对待,"是因为他们闯过了资产者划出的界限,使得他们成为资产者伦理神圣界限之外的异乡人"②。英国的立法是从亨利七世开始的,仅他在位时期就绞死了流浪者7.2万人。亨利八世颁布法律禁止身强力壮的人行乞,对违反规定的人要鞭打和监禁。他们被绑在马车后面,直到被打得遍体流血为止。然后,让流浪者发誓不再流浪,必须回到原籍勤恳地工作。亨利八世27年又修改了法律,新增的条款更为残酷。新条款规定,如果流浪者第二次被捕,要再次接受鞭打并且割去半只耳朵;如果第三次被捕,就要被当作社会公敌和重刑犯处死。

爱德华六世刚一继位,就颁布了严酷的法令惩治流浪者。法令规定,如果有人告发某人拒绝劳动,是游惰者,且情况属实,这个游惰者就被判给告发者当奴隶。主人可以按照自己的意愿,用面包、水、稀汤、肉屑等随意喂养奴隶。奴隶主有权用皮鞭和镣铐强迫奴隶为他做任何艰苦的工作。如果奴隶逃跑超过14天,他的额头上就会被烙上"S"的印记,成为主人的终身奴隶。奴隶是主人的动产,主人可以像对待牲畜那样出卖、遗赠和出租奴隶。如果奴隶第三次逃亡,就以叛国

① 〔法〕米歇尔·福柯:《古典时代疯狂史》,三联书店2005年版,第66页。

② 〔法〕米歇尔·福柯:《古典时代疯狂史》,三联书店2005年版,第113页。

的罪名被处死。如果发现流浪者在三天的时间内不干活、无所事事,就要被遣送回原籍,用烧红的铁器在他胸前烙上“T”字样的印记,套上枷锁在街道上干活。如果流浪者谎报籍贯,一旦查明,法令就将他判为当地居民的终身奴隶,烙上“S”形状的印记。任何人都有权利把流浪者的子女领回家当学徒,直到男人年满24岁,女人年满20岁。为了易于管理,师傅可以给他们带上镣铐,随意鞭打他们。为了保险和便于识别,师傅可以在学徒的脖子、手或者脚上套上一个铁环。在学徒期间,如果逃跑,被逮回后就成了师傅的终身奴隶。这个法令还规定,如果有人愿意给贫民饭吃,贫民必须给他干活。爱德华六世的这部残酷法令,竟然一直保留到19世纪。

伊丽莎白一世执政时期,陆续颁布了三部法令(1572年法令、第13号法令和1597年法令)严惩流浪汉。法令规定,14周岁以上的乞丐,如果没有行乞许可证,一经发现就要接受猛烈的鞭挞,并且在耳朵上烙上记号。如果发现年满18周岁的人再度行乞,并且没有人愿意使用两年,就要被处死。第三次重犯的人被视为叛国者,就会毫不容情地以叛国罪被处死。詹姆士一世颁布法令,宣布游荡和行乞的人是流浪者。即按法庭简化审理程序,治安法官可以随意当众鞭打流浪者,怎么打都可以,只要不感觉疲劳或者厌烦。流浪者第一次被捕要监禁6个月,第二次被捕必须监禁2年。对那些不可救药的危险流浪者,要在他们的左肩上打上“R”字形的记号,强迫他们从事体力劳动,如果因再度流浪而被捕,就要被处死。这个法令到18世纪仍然有效,直到安妮女王十二年颁布第23号法令后,才被废除。法国也有同样的法令,17世纪中叶,在巴黎建立了一个收容流浪者的王国。路易十六执政初期的敕令规定,16岁至60岁之间身体强壮的人,如果没有生活资料或者没有职业,就要被罚做苦力。查理五世对尼德兰颁布的法令、荷兰各州和各城市的告示等都是惩治流浪者的法令。

现代工人阶级的祖先,因为成了“厌恶劳动的”流浪者而遭受了血腥的立法严惩。同样,那些在工厂中劳动的人,也没有逃脱法律的迫害,处境同样艰难。英国的劳工法规定了城市和农村、日劳动和计件劳动的工资率。农村工人的雇佣期限最少为一年,而城市工人必须在“自由市场”上招聘。法令鼓励雇主按照法定的工资率,通过辱骂、鞭打、延长工作时间等方式榨取劳动成果。如果工厂主向工人支付了高于法定标准的工资,工厂主就要被监禁,接受高工资的工人要受更为严厉的处罚。伊丽莎白《工匠法令》第18条和第19条规定,支付高工资的工厂主,监禁10天,而接受高工资的工人,则要被监禁21天。在乔治二世八年,伦敦及其近郊的裁缝帮工的日工资禁止超过2先令7.5便士。乔治三世十三年第68号令授权治安法官规定纺织工人的工资。1799年一项议会的法令规定，苏格兰矿工的工资标准按照伊丽莎白一世的一项法令和1661年及1671年的两项苏格兰法令来确定。在16世纪货币贬值、物价飞涨，但是旨在压低工资的法令仍然有效。同时，那些失业的人，因为犯有“没有人愿意使用”的罪，而被割耳朵和打烙印。英国议会1799年和1800年通过《禁止结社法》，该法令禁止任何工人组织的建立和活动，工人结社被认为是严重的犯罪行为。虽然1824年议会撤销了该法令，但是即使在此之后，当局仍然限制工人联合会的活动。特别是凡是鼓动工人参加联合会和参加罢工的活动，都被视为犯罪，要受刑事制裁。

马克思认为，资本主义生产方式的永恒规律要充分表现出来，必须完成劳动者同劳动资料的分离过程，一部分人转变为资本家，另一部分人转化为雇佣劳动力，转化为城市中自由的劳动贫民。那些日出而作、日落而息，世代在田园中耕作的农民，转变成昼伏夜出、黑天与白昼颠倒的工人、市民，这是一部现代历史的杰作，这个转变过程需要经受各种苦难。正如马克思所说，“资本来到世间，从头到脚，每个毛孔都滴着血和肮脏的东西”①。

（二）工人在城市中的居住状况

1. 工人聚居区的建筑样式

（1）大杂院

在旧城区，房屋建设没有统一的规划，房子的排列是偶然的，杂乱无章。每一所房子在建造时，都没有考虑别的房子，几所房子中间留有一块空地。由于没有其他名字可用，恩格斯将这种贫民窟的建筑样式称为大杂院。旧城区的街道规划有序，两条街道之间夹着四方形的大杂院。一条狭长的有顶过道把大杂院与街道连接起来，是大杂院的唯一出口。大杂院的地势低洼，甚至比街道还要低半米多，没有排水沟。住户随便扔垃圾，到处是脏东西以及成堆的煤灰和动物粪便。苍蝇、蚊子多，臭气难闻。一遇到下雨天，一点水也排不出去，总是满屋污水。大杂院里的房屋多半是两排盖在一起的，共用一堵后墙，再加上杂乱无章的房屋，使得这里的空气根本不流通。只有生火做饭的时候，烟囱才成了大杂院中闷人空气的唯一出口。如图1－4所示：

① 马克思：《资本论》（第1卷），人民出版社1975年版，第829页。

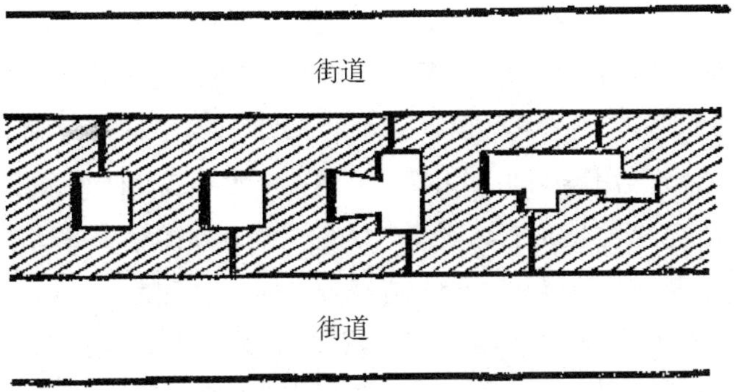

图 1－4 大杂院(court)

难以想象的是,这种猪圈似的大杂院竟然被资产阶级赞誉为“城市建筑艺术的杰作”①。一位英国自由党人在《童工调查委员会的报告》中写道:大杂院上面露天,类似于城市小广场,空气流通状况极好;呼吸着新鲜空气的大杂院的居民,身体健康,生活幸福;设计大杂院的建筑师可谓是匠心独运,妙手偶得之;大杂院这种样式简直是城市建筑艺术的样板和杰作,值得在全世界推广。恩格斯认为,假设每个大杂院都有四个宽阔的空气对流出口,让空气自由流通,是可以改善通风状况的。但是这些大杂院从来没有用于空气对流的出口,只有一条狭窄的有顶通道,怎么能与小广场的通风效果相比呢? 资产阶级对大杂院的赞美不过是痴人说梦罢了。

事实上,大杂院不是所谓的城市建筑艺术,而是“不折不扣的猪圈”②。例如铁桥附近的一个大杂院,它的肮脏和令人作呕的程度远甚于别的大杂院。它的四周被高大的建筑包围着,隐藏在铁路桥下面。要不是建筑铁路桥时,开了一个缺口,即使很熟悉的人也难以找到它。恩格斯沿着坑坑洼洼的河岸,绕过拉扯着晒衣服绳子的木桩,一堆乱七八糟的平房构成的一所大杂院便展现在他面前。恩格斯看到,这些平房的地板大多数未被硬化,没铺任何东西。每家只有一个房间,房间的长不到 6 米,宽不足 5 米。每个房间都被高效地利用,兼具客厅、餐厅、厨房、卧室、厕所等功能。很多房子内没有家具,空空荡荡,顶多有一张破烂的床,一个炉灶和一张破桌子。无论有或者没有人在家,房门都是敞开的,大可不必担心小偷光临。房门前到处是垃圾和脏东西,院子中似乎铺了一些石头,因为被垃圾覆

① 《马克思恩格斯全集》(第 2 卷),人民出版社 1965 年 10 月版,第 337 页。

② 《马克思恩格斯全集》(第 2 卷),人民出版社 1965 年 10 月版,第 334 页。

盖,所以看不见。人们只有走在上面,才能感觉到石块的存在。苏格兰桥下面有六七间地下室,没有门,也没有窗,距离艾尔克河约6米远。地下室要比艾尔克河的水面至少要低2米,河水涨的时候,地下室就有被淹没的危险,根本不能住人,然而房主们竟然还恬不知耻地出租给工人。这个大杂院如同牲畜栏一样,两面被房屋、一面被艾尔克河死死地封堵住。只有一条有顶的狭窄的通道,通向外边。所谓的外边,也是一个建得乱七八糟、迷魂阵一样的大杂院。

大杂院中毫无计划地乱堆在一起的房屋,多数经历了几十年的风雨侵蚀,都摇摇欲坠,异常破旧。房屋内部的凌乱与外部环境的脏乱差,是大杂院的独有景观。这里的居民怎么能讲卫生呢?大杂院靠近艾尔克河,却严重缺乏淡水。河水早已被工业废水严重污染,只有城里的"体面人"才能享有自来水和抽水机。人们连喝水都成问题,更不用说洗澡了。大杂院内没有卫生和清洁的条件,厕所在房内,坑洼中到处是臭水,猪、狗、猫等跑来跑去,随处都有动物的粪便。这里的居民大多是爱尔兰人。爱尔兰人按照家乡的风俗把一切废弃物和脏东西堆在自己的家门口,每家门口都有一个垃圾堆和污水坑。这些垃圾堆和污水坑污染了整个大杂院,使得空气污浊不堪。爱尔兰人喜欢养猪,在家乡时紧靠着自己的房子盖起猪圈。进城后,他们只有把小猪放到自己屋子里,与一家人同吃同住。他们的孩子和猪一起玩,骑在猪背上欢笑,与小猪一起在污水坑里打滚。在大城市中饲养牲畜这种新风俗,都是爱尔兰人传来的。爱尔兰人喜爱自己的小猪,如同阿拉伯人喜爱马一样。二者之间不同的是,阿拉伯人一直都把马当作宠物,而爱尔兰人却在猪长得足够肥大的时候,把它们卖掉或者杀死食用。大杂院的居民不过是资本主义社会的奴隶,他们的居所其实就是猪圈。显而易见,资本主义制度是非人道的、摧残人性的,让工人们降格为动物、牛马,过着非人的生活,这怎么能怪他们呢。

(2)联排小宅子

贫民窟建筑的另一种形式是联排小宅子,后来成为英国普遍采用的样式。曼彻斯特的圣乔治路以东、奥尔丹路和大安柯茨街两边,以及其他工人居住区全是联排小宅子。小宅子不是一所一所地盖,而是批量地建造。一个业主一盖就是几十所,甚至上百所,一下子盖一条街或者几条街。联排小宅子如图1-5所示:第一排比较高级,面朝街道,有一个后门和一个小院子。一条狭窄的有顶过道,把小院子与弄堂连接起来。因通风相当好,交通方便,房租最贵,租给那些收入较高的工人家庭。第二排小宅子的大门朝向弄堂,与第三排小宅子共用后墙,通风不畅,弄堂肮脏,房租最便宜。第三排小宅子的门开在另一条街上,由于没有后门,空气流通较差,通风效果强于大杂院的房子,房租适中,介于第一排和第三排之间。这种联排小宅子的建筑样式既能节省面积,又能通过第一排和第三排赚取高额的房租。

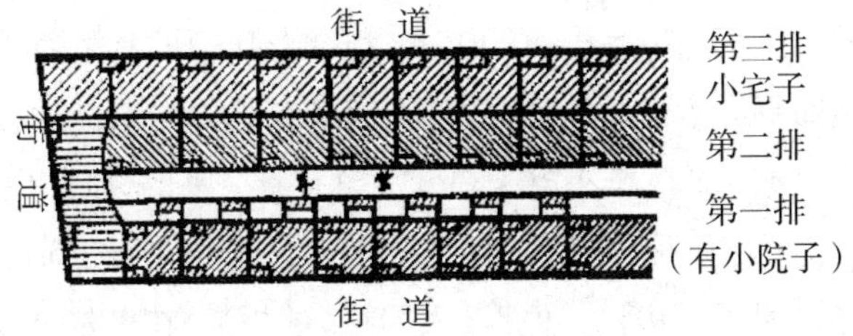

图 1-5　联排小宅子

乍一看,联排小宅子漂亮而坚固,外表结实的砖墙欺骗了很多走马观花的人。自由派的工厂主吹嘘说:“任何地方的工人都没有英国这样好的住宅。”①但是,只要仔细观察,就会发现联排小宅子的建筑质量极差。墙体单薄,支撑地下室、房屋底层和屋顶的承重墙,只有一砖宽。也就是说,在建承重墙时,将砖的长边靠在一起。联排小宅子的外墙只有半砖宽,砖不是横向排列,而是竖直排列的,即不是将砖的长边排在一起,而是把短边排在一起。业主之所以这样偷工减料,一方面是为了节省建筑材料,另一方面是业主不愿意在联排小宅子上投资过多,否则会增加成本。因为联排小宅子的业主多数是建筑公司的老板或者工厂主,而不是地基的所有者,地基属于农业资本家。按照英国的习俗,地基租期短的有 20 年、30 年、40 年,长的有 50 年、99 年等不同期限。租期一满,地基及其上面的全部建筑物都要归地基所有者。很多业主在建房子的时候,地基还有二三十年就到期,他们不希望留给地基所有者一些有价值的东西,最大限度地偷工减料,只求房屋不倒塌。由于租期短的原因,再加上维修费用比较大,业主们都不愿意花钱维修房屋。一旦房屋漏雨,很容易倒塌。经济危机爆发的时候,工厂关门,工人失业。如果房子空闲上一两年,就变成了危房。再加上租户,尤其是一些爱尔兰人租户常常破坏房子,他们把门窗甚至椽子都拆下来生火,房子的寿命被人为地缩短。一般联排小宅子的寿命,只不过二三十年。

① 《马克思恩格斯全集》(第 2 卷),人民出版社 1965 年 10 月版,第 339 页。

从表面上看,联排小宅子制度无可非议,似乎危害不大。其实不然,这种制度对工人的剥削和控制程度远甚于实物工资制。很多工厂开设在偏僻的乡村,工人不能在附近租到房子。工厂主很乐意建造联排小宅子,因为能赚取一笔不菲的房租。一般来说,房东的年利润大约是投资的6%左右,而工厂主联排小宅子的每年房租则是投资的12%—14%。只要工厂正常运转,工厂主总会有租户,联排小宅子也不会空闲着。工厂主把房子租给工人,租金要比他的竞争对手高2倍多,这是不公平的。然而更为不公平的是,这种利润是对工人的第二次盘剥,即榨取剩余价值之后的再次掠夺。联排小宅子制度不仅是不公平的,简直是无耻之极。工厂主经常以解雇为要挟手段,不仅强迫工人租房子,缴纳高额房租,而且还迫使工人缴纳他们不住的房子的房租。根据《太阳报》的报道,在奥尔丹、埃士顿-安得莱因、罗契得尔等地,许多工厂主强迫几百个工人为空闲的房子缴纳房租。另外,当劳资冲突的时候,联排小宅子赋予了工厂主莫大的权力。如果工人罢工、闹事,工厂主就要求工人们在一周内搬出小宅子。一过限期,不听话的工人们就无家可归,流落街头,成为流浪者。根据当时的法律,流浪者是要被关进监狱一个月,甚至被处死的。恩格斯说:“再也没有比这种安置工人的制度更有害更伤风败俗的了。”①

3. 资本主义伪善的城市建筑体系

尽管贫民窟遍布城市的各个角落,但是人们不易察觉它们的存在,因为城市空间会说谎,高楼大厦和繁华的街道总是有意或无意地将它们遮挡起来,使之淡出人们的视线。很多刚一到伦敦的人,都对它的都市繁华和美丽景色感到吃惊。250万人口的规模,世界商业首都的繁华,泰晤士河水清澈、千帆竞发,河两边工厂密布、高楼耸立等,共同绘制了一幅令人叹为观止的都市美景。然而伦敦的繁华美景不过是表面现象,只有在大街小巷中费力地穿行几天,见过贫民窟,才能发现它的丑陋和肮脏。曼彻斯特、伯明翰和利兹等大城市也都一样,表面上是都市美景,内里却隐藏着丑恶和欺诈,“在任何地方,都是社会战争,都是每一个家庭处在被围攻的状态中”②。

曼彻斯特依山而建,人口40多万。这个城市的建筑体系是如此的伪善和特别,以至于人们在这里住上多年,天天上街散步或者办私事,他们一次也不会看到

---

① 《马克思恩格斯全集》(第2卷),人民出版社1965年10月版,第340页。

② 《马克思恩格斯全集》(第2卷),人民出版社1965年10月版,第305页。

贫民窟,甚至接触不到工人,只能认为这个城市充满着公平和正义。什么原因让一些老市民对所在的城市如此陌生呢?这主要是伪善的城市建筑体系的结果。资产阶级无意识的默契或者是精心设计的规划,资产阶级的居住区和贫民窟被严格地分开,从而形成了城市居住空间的隔离和分异。曼彻斯特的市中心有一个大商业区,营业所和货栈遍布其中。几条大街从商业区穿过,大街宽敞,街上热闹异常。沿街楼的下层是商店,夜里灯火辉煌,不到深夜无人入睡。然而这里却是一个大工人区,贫民窟就隐藏在高耸的沿街楼后边。除了这个商业区,整个曼彻斯特本城、索尔福和修尔姆,盆德尔顿和却尔顿的大部分地区,以及阿德威克的小部分地区全是贫民窟。贫民窟如同一个狭窄的带状区域,把商业区包围起来。

在这个带状区域的外面,离工人区不远的整齐街道上,即在齐坦希尔和却尔顿的低洼处,是中等资产阶级居住区。高等资产阶级的居住区位于却尔顿和阿德威克的郊外,或者在齐坦希尔、盆德和不劳顿的高地上,这些华丽舒适的别墅毗邻乡村,空气新鲜,流水潺潺。这里交通便利,每隔 15 分钟或者半个小时,就有一班通往城里的马车。妙不可言的是,当这些富有的贵族在乘坐班车去城里商业区购物的途中,展现在他们眼前只有整齐的大街和繁华的都市,竟然看不到道路两边的贫民窟。因为从富人区通往城里商业区的各条街道上,都连续地排列着中小资产阶级的商店。为了经营的需要,也为了不使那些肠胃健康而神经脆弱的老爷太太们看到他们创造的贫穷和肮脏,中小资产阶级总是尽量把大街打理得整洁而又卫生。前面没有商店的贫民窟,就用巨大的广告牌或者高墙遮挡。艾尔克河上杜西桥右侧的大杂院,被一堵一人高的石墙小心翼翼地遮挡住了,遮挡住了矮个子人的视线。不过,只要仔细地观察,伪善的建筑体系就会露出马脚。要想了解曼彻斯特的伪善建筑体系和城市居住空间的对立和分异状况,从沿街商店的繁华程度就可窥一斑。街道两边的商店与后面的居住区相联系,靠近资产阶级居住区的商店就漂亮,靠近工人区的商店则相对矮小。比如从交易所一直向南的大街,毗邻中小资产阶级居住区的是一流商店,以及一个接一个的大旅馆和货栈;接着梅德洛克河旁边工人居住区的是一些低矮的商店和小酒馆;街道尾部的商店富丽堂皇,它们后面是当地最富有工厂主和商人的别墅区和大花园。虽然工人区被伪善的建筑体系遮挡住了,但是它们永远逃脱不了资产阶级的监视和控制。在工人区附近的高坡,尤其是在小山顶上建造了许多习艺所,被称为“穷人的巴士底狱”。它们就像一座座城堡,从高处俯视工人区,工人的任何活动都被尽收眼底,一览无余。

这种伪善的建筑体系不唯曼彻斯特独有，而是所有大城市的特点。商人为了经营需要，必须把商店建在繁华的大街上，商店建得高大一些、豪华一点也无可厚非。然而，如果这种建筑是用作遮挡贫民窟的肮脏和贫穷状况，自由派的工厂主据此宣称每个市民都过上了幸福生活，那么这就是一种可耻的建筑体系。恩格斯说："我毕竟还没有看到过一个地方，像曼彻斯特这样有系统地把工人阶级排斥在大街以外，这样费尽心机把一切可能刺激资产阶级的眼睛和神经的东西掩盖起来。"①

4. 居住环境与人的健康状况

人口向城市聚集，产生了很多不良的后果。从空气而言，大城市的空气远不如乡村那样新鲜。伦敦的空气更糟糕，在方圆三四平方公里的狭小区域内，250 万人呼吸和 25 万个火炉消耗了大量氧气。由于伦敦通风不畅，要补充这些氧气，非常困难。人呼吸和煤燃烧所产生的二氧化碳比重较大，总在院子和房间的低矮处滞留，而富含氧气的空气则从房顶吹过。住在贫民窟的人，一切新鲜的东西都被剥夺了。他们喝不上干净的水，因为付不起自来水的安装费用。他们的住房条件极为恶劣，不是渗水的地下室，就是漏雨的阁楼。穿着是破烂衣服，吃的是变质的食物。由于长期呼吸不到足够的氧气，以至于身体羸弱，精神萎靡不振，疾病缠身。城市居民患急性病和各种炎症的人很多，得慢性病的人更多。

在农村，即使房子附近有污水坑，也不至于危害身体健康，因为空气可以自由地流通。在城市中心的工人聚居区，四周全是高大建筑物，新鲜空气完全被隔绝。炎热的夏天，腐烂的肉皮菜帮散发出有害的臭气，死水洼和垃圾堆散发出制造疾病的毒气，被污染的河流气味难闻。这些气体在居住区滞留，散发不出去，把空气污染。现代社会把大批穷人从农村引诱到城里来，他们在农村虽然同样穷困，但是能呼吸上新鲜的空气。伦敦贫民窟的脏空气，是各种疾病和瘟疫尤其是肺结核病的源头。肺结核是由结核分枝杆菌引起的肺部感染性疾病，主要通过因咳嗽、打喷嚏形成的带菌飞沫传染。伦敦大街上随处可见肺结核病患者，他们面容憔悴，脸色苍白，胸部狭小，身体瘦弱，眼睛凹陷。穷人们一旦染上肺结核病，都逃脱不了死亡的厄运。

在贫民窟区域，除了其他肺病和猩红热外，伤寒与肺结核病一样，具有可怕的破坏力。伤寒是由伤寒杆菌引起的急性肠道传染病。伤寒杆菌喜欢通风不良、潮

---

① 《马克思恩格斯全集》（第 2 卷），人民出版社 1965 年 10 月版，第 328 页。

湿和肮脏的环境,那些精神压抑、抑郁的人是伤寒杆菌优先攻击的对象。在伦敦的南区、北区和东区的潮湿而又肮脏的贫民窟,那里的恶劣环境滋生了大量伤寒杆菌,伤寒疫情极其猖獗。病人主要是从农村来到这里时间不长的工人,他们在路上尤其是来伦敦以后,受尽了千辛万苦,他们没有工作,睡在大街上,挨饿受冻,饥寒交迫,很容易染上伤寒病。病患者持续发高烧,浑身发冷,危险期在发病的10天至15天,病人皮肤上出现黄色。如果得不到有效治疗,就会因肠出血和肠穿孔致死。在1842年经济危机之后,英国的伤寒疫情首先出现在贫民窟,然后蔓延至全国。苏格兰有六分之一的穷人染上伤寒病,流浪者迅速地把疫情从一个地方传染到另一个地方,但是没有影响到居住条件优越的中上等阶级。1843年格拉斯哥多达3.2万人染上了伤寒病,占居民人数的1/12,其中32%的人死亡。奇怪的是,伤寒病似乎专门在工人阶级中间肆虐,它尤其"偏爱"工人家庭的当家人。当家人是家庭的顶梁柱和主要经济来源,一旦被病魔击倒,整个家庭就陷入了缺吃少穿、挨饿受冻的悲惨境地。

工人的悲惨还在于生病后没钱治病,不能住院或者无法请高明的医生诊治,只能请江湖游医,或者听天由命,在家等死。当时曼彻斯特的常住人口超过40万,每年有四分之三的人需要治疗,然而曼彻斯特医院每年只诊治2.2万人次,包括住院的,也包括只接受医生诊治和购买药品的人。工人付不起高额的诊治、药品和住院费用,只能求助于江湖医生和假药。英国城市中江湖医生很多,大街小巷贴满各种广告,比如莫里逊氏丸、曼威灵博士丹、帕尔氏生命丸、高弗莱强身剂等,可谓是五花八门,据说这些药品都有一个共同点,即能医治世界上的一切疾病。如果少量服用这些药品,对人的身体无害。俗话说,是药三分毒,何况假药呢?野广告大肆宣传帕尔氏生命丸的神奇疗效,说什么吃药越多越好,有病治病,无病防病、强身。一些外行的工人也不管是否治病,总是大量吞服这种所谓的灵丹妙药。一般情况,在伦敦一周内要销售2万至2.5万盒帕尔氏生命丸。由于受到广告的欺骗,工人们热衷于用它治疗痢疾、感冒、伤寒等各种疾病。用帕尔氏生命丸治疗伤寒病,工人们不仅被骗取了用于养家糊口的钱财,而且得病后越治越重,直到死亡。

在饥饿和疾病的侵袭下,工人的寿命短暂,死亡率非常高。曼彻斯特,包括索尔福和却尔顿在内,死亡率为1:30.75;利物浦,包括西德比郊区,死亡率是1:29.90。郎卡郡的普莱斯科特煤矿工人的死亡率相对低一些,他们的工作条件虽然恶劣,但是由于居住区位于乡村地区,通风好,空气新鲜,死亡率降至1:47.45,要比整个英格兰的平均死亡率低许多。苏格兰城市的死亡率还要高,爱丁堡1838年至1839年是1∶29,1831年是1∶22;格拉斯哥自1830年以来年均死亡率是1∶30,有些年份则高达1∶22或1∶24。受官方委托,医生霍兰德调查了曼彻斯特郊区梅德洛克河畔的却尔顿地区,调查结果表明,不同居住区域的人,死亡率有着明显的不同:"一等街,一等房屋:死亡率是1∶51;一等街,二等房屋:死亡率是1∶45;一等街,三等房屋:死亡率是1∶36;二等街,一等房屋:死亡率是1∶55;二等街,二等房屋:死亡率是1∶38;二等街,三等房屋:死亡率是1∶35;三等街,一等房屋:缺;三等街,二等房屋:死亡率是1∶35;三等街,三等房屋:死亡率是1∶25。"①可见,一等街的死亡率比二等街低18%,比三等街低68%;一等房屋的死亡率比二等房屋低31个百分点,比三等房屋低78个百分点;肮脏的街道经过彻底打扫卫生以后,死亡率竟然能降低25个百分点。

居住在不同空间环境中的人,死亡率竟然有如此大的差别,不禁令人诧异。资产阶级和富有阶层居住在一等房屋和一等街道,环境干净卫生,空气新鲜,平均寿命为35岁,居住在贫民窟中的工人的寿命仅为15岁。工人如此高的死亡率和短暂的寿命,还因为他们的孩子死亡率高。很多工人的孩子,死掉时不满5岁。在英国,引起儿童高死亡率的原因有多种。首先是治病习俗。我们知道,在不同国家,有着不同的治病习俗。德国人喜欢在一定季节拔火罐或者放血治病,而英国人则喜欢吃江湖医生的药。高弗莱强身剂备受家庭妇女们的欢迎,她们喜欢给孩子吃这种用鸦片做成的水药,让孩子们安睡,或者想让孩子们身体变得强壮。她们不知道这种药的危害,从孩子一出生就用这种药喂他们,直到他们死去为止。刚开始服用的时候,效果明显。随着服用时间的延长,孩子身体对鸦片的反映越来越迟钝,需要加大剂量,常常一个孩子要吃纯粹的鸦片酒精溶液,一次就是15滴之多。这种治疗的效果可想而知,孩子的脸色变得苍白,精神萎靡不振,发育不良,身体瘦弱,多数不到两岁就死去。其次,疾病和瘟疫引起儿童的高死亡率。贫民窟中的孩子,由于生活条件恶劣,空气肮脏,营养不良,容易染上疾病夭折。在曼彻斯特和利物浦地区,因流行病引起的儿童死亡率比农村地区高2倍,神经系统的疾病比农村高4倍,因为天花、麻疹、百日咳、伤寒以及肺结核而死的儿童比农村高3倍,因痉挛而死的高9倍。最后,因意外伤害等其他原因造成儿童的高死亡率。在许多工人家庭中,丈夫和妻子一样在工厂上班,孩子无人照顾,或者锁

① 《马克思恩格斯全集》(第2卷),人民出版社1965年10月版,第391页。

在家里。在这种情况下,孩子因为缺少监护,经常因失火、车祸、动物踩踏、溺水、从高处坠落等偶然事件而意外死亡。在伦敦,儿童意外死亡事件,几乎每周都发生多次。1844 年 12 月 1 日至 7 日的一周之内,就发生了儿童惨遭横死的 6 起不幸事件。毫无疑问,这些惨死的儿童是这种混乱社会状况的牺牲品。死亡对家庭和孩子们来说是一件不幸的事件,然而从另一个角度来看,对孩子未必是坏事,因为他们摆脱了充满苦难、贫穷并且毫无快乐而言的生活,死亡让这些不幸的孩子们摆脱了苦难,得到了解脱。他们被资本主义社会谋杀,凶手是资产阶级。因此,摆在英国资产阶级面前的只有两条路,“要么不顾这种落到他们身上的无可反驳的罪名,继续把统治权握在自己的手里,要么自己引退,把政权让给无产阶级”①。看来,资产阶级不会自动地退出历史的舞台,仍然执迷不悟,宁愿选择第一条道路,即顽固地走不归路。

(三)恩格斯解决住宅问题的方案

在恩格斯看来,住宅问题是资本主义社会众多问题中的一个,是资本主义城镇化和资本主义制度的必然产物,“要消除这种住房短缺,只有一个办法:消灭统治阶级对劳动阶级的一切剥削和压迫”②。无产阶级通过暴力革命,推翻资本主义制度,掌握国家的领导权,才能一劳永逸地解决由资本主义制度带来的诸多社会问题,比如住房短缺、贫困、卖淫、剥削压迫等问题。一些资产阶级的代言人,试图在保留资本主义制度的前提下,解决由它带来的各种社会问题,是不切合实际的幻想。

在资本主义市场经济条件下,住房作为一种关系到人们基本生存的商品,具有价值和使用价值。房主通过出售或者出租商品房,将使用价值让渡给购买者或者承租者,从而一次或者多次地收回附加在房子这种商品中的成本和剩余价值。可见,住房是资本主义社会中资本家剥削无产者的一种普遍手段。在资本主义社会,不是因为住房稀缺而导致工人和小资产阶级没有房子住,而是因为房子这种商品太多了,而出现了住房短缺问题。资本主义社会的一个奇怪现象是,一方面,房主手中掌握着大量房源找不着买主和租户;另一方面,广大工人阶级住房紧张,甚至没有房子住,流落街头。如果指望依靠价值规律的供求调节关系,来达到商

---

① 《马克思恩格斯全集》(第 2 卷),人民出版社 1965 年 10 月版,第 394 页。

② 《马克思恩格斯选集》(第 3 卷),人民出版社 1995 年 6 月版,第 142 页。

品房的供求平衡,是不能解决住房短缺问题的。只有当无产阶级革命取得胜利后,无产阶级运用政权的强制力量,没收资产阶级的住房,分给工人使用,才能有效地解决住房短缺问题。恩格斯说:“但有一点是肯定的,现在各大城市中有足够的住房,只要合理使用,就可以立即解决现实的‘住房问题’。当然,要实现这一点,就必须剥夺现在的房主,或者让没有房子住或现在住得很挤的工人搬进这些房主的房子中去住。”①

无产阶级用社会革命的办法解决住房问题,除了没收现有房产进行再分配之外,还要做一些具有深远意义的事情。恩格斯说:“社会革命怎样解决这个问题呢?这不仅要以当时的情况为转移,而且也与一些意义深远的问题有关,其中最重要的问题之一就是消灭城乡对立。”②资本主义的城市化让农村人口向大城市集中,城市的面积狭小,原有的住房满足不了大量人口的住房需求,再加上资本家不愿意把资金投入到房地产方面等原因,才产生了城市的住房问题。恩格斯认为,如果无产阶级凭借暴力手段,夺取了国家政权,消除了由资本逻辑而产生的城市和乡村二元对立现象,实现了城乡融合,就能从根本上彻底解决困扰资本主义社会的住房问题。因为在城市与乡村融合、城乡一体化的条件下,国家统一规划生产,当然也包括住房的生产,再加上乡村有大量可用土地,开发和生产各种住房,并对住房计划分配,就能有效地解决住房问题。

六、城乡融合思想

(一)城乡融合的历史逻辑

马克思主义的城乡融合思想源于空想社会主义者的“城乡一体化发展模式”思想。托马斯·莫尔在《乌托邦》中描写了一个美好的城乡一体化的社会景象:农村没有农民,而是由城里人轮流下乡种地;在田野中屋舍俨然,农具充足;城乡之间没有商品交换,只有物资交流,农村缺乏的工业品,可以到城市中随意领取;城里人选择一个晴朗的天,全部出动,突击收获农作物。圣西门、傅立叶、欧文等人

① 《马克思恩格斯选集》(第3卷),人民出版社1995年6月版,第157页。
② 《马克思恩格斯选集》(第3卷),人民出版社1995年6月版,第156页。

认为,在和谐社会中没有城市和乡村的二元对立现象,城市不主宰乡村,乡村也不依附于城市,二者是平等的关系;和谐社会真正实现了城市和乡村、脑力劳动和体力劳动、工业和农业的紧密结合;每一个人都在“智、德、体、行”等方面实现了全面发展。在此基础上,马克思和恩格斯提出了城乡融合的思想,所谓城乡融合,是指“结合城市和乡村生活方式的优点而避免二者的偏颇和缺点”①。

马克思和恩格斯认为,城乡关系是一种历史现象,在生产力发展的支配下,它经过了一个“融合——对立——融合”的否定之否定的历史过程。在原始社会,由于生产力发展水平极其落后,农业、手工业、畜牧业融合为一个高度统一的同质体,根本没有城市和乡村的二元区分现象。随着生产力的发展和私有制的出现,产生了城乡对立,马克思和恩格斯说:“城乡之间的对立,只有在私有制范围内才能存在。”②城市变成消费和精神生产的中心,乡村专门从事消费资料的生产,城市统治乡村,乡村依附于城市。城乡对立既是被压迫阶级的灾难史,也开启了人类历史的文明时代。尤其是在资本主义社会,城乡对立达到了尖锐化的程度,无产阶级在城市中艰难地生存,马克思和恩格斯在《德意志意识形态》《英国工人阶级的状况》《论住宅问题》等文章中作了深刻的描述和批判。但是马克思和恩格斯是历史唯物主义者,他们在批判城乡对立的非人道现象时,总是以历史主义的眼光看待这个问题。他们认为,虽然工人阶级在城市中生活艰难,但是比中世纪的农民要进步得多。中世纪乡村的农民有自己的小块土地,也有自己的住房,但是他们远比一无所有的城市工人阶级落后,因为在中世纪农民的思想中充满着奴性和顺从,他们对封建主唯唯诺诺,甘心承受压迫和剥削。恩格斯说:“除了织机以外还有自己的小屋子、小园圃和小块土地的手工织工,哪怕贫困已极并且遭受种种政治压迫,仍然无声无息、安于现状、‘非常虔诚和规规矩矩’,他在富人、神父、官吏面前脱帽致敬,在内心深处完全是一个奴隶。”③

恩格斯说:“有自己的洞穴的原始人,有自己土屋的澳洲人,有自己家园的印第安人,难道能够在什么时候举行六月起义或者建立巴黎公社吗?”④城市无产阶级充满叛逆精神,是最先进、最有组织性和纪律性、最有前途的阶级,是资本主义制度的掘墓人,也是城乡对立现象的终结者,他们经常罢工、暴动,在斗争中他们

---

① 《马克思恩格斯全集》(第4卷),人民出版社1958年版,第368页。

② 《马克思恩格斯全集》(第1卷),人民出版社1995年版,第105页。

③ 《马克思恩格斯选集》(第3卷),人民出版社1995年6月版,第149页。

④ 《马克思恩格斯选集》(第3卷),人民出版社1995年6月版,第149页。

失去的只是锁链，获得的将是整个世界。在生产力高度发达的共产主义社会，城市和乡村融合为一体，历史似乎奇怪地回到了原点，然而这不是简单的循环、重复，而是包含着质的变化和飞跃，它揭开了城市和乡村发展历史的新篇章，是人与人之间、人与自然之间、人与社会之间矛盾的彻底解决，实现了自然主义和人道主义的高度统一。

（二）共产主义社会里城乡融合的美好景象

在马克思和恩格斯的构想中，城乡融合是在生产力高度发达的基础上，对城乡对立的扬弃，是共产主义社会的美好景象。首先，城乡融合是生产的融合。恩格斯说："从大工业在全国的尽可能均衡的分布是消灭城市和乡村分离的条件这方面来说，消灭城市和乡村的分离也不是什么空想。"①在共产主义社会，生产资料公有制，人们对生产、分配、消费实行统一的计划管理。社会生产不再集中于城市，而是在全国均衡地分布，工厂设在交通、资源便利的地方，"使工业分布得最适合于它自身的发展和其他生产要素的保持或发展"②。国土空间被合理地划分为优化开发空间、重点开发空间、限制开发空间和禁止开发空间。工厂零星地分布在广大的国土空间中，工厂毗连农村，村落中土地平旷，屋舍俨然，住房宽敞而舒适，宛如世外桃花源。从事农业生产和工业生产的人不再有工人阶级和农民阶级的划分，他们都是同一群人。农业种植不用有害的化学肥料，而是用城市中的粪便、垃圾等，各种废弃物都得到有效处理，城市没有污染，空气如同农村一样清新。所以恩格斯指出："城市和乡村的对立的消灭不仅是可能的，而且已经成为工业生产本身的直接需要，同样它也已经成为农业生产和公共卫生事业的需要。只有通过城市和乡村的融合，现在的空气、水和土地的污染才能排除，只有通过这种融合，才能使目前城市中病弱的大众把粪便用于促进植物的生长，而不是任其引起疾病。"③

其次，城乡融合是农村和城市生活方式优点的融合。农村的空气清新，含氧量高，水干净、卫生，农民的生活节奏缓慢，日出而作，日落而息。城市生活的优点是文化发达，购物快捷方便，缺点是节奏过快，颠倒了白天和黑夜。马克思认为，

---

① 《马克思恩格斯文集》（第9卷），人民出版社2009年版，第314页。

② 《马克思恩格斯选集》（第3卷），人民出版社1995年版，第646页。

③ 《马克思恩格斯选集》（第3卷），人民出版社1995年版，第646—647页。

人不是孤立存在的抽象物，它是自然属性和社会属性的统一。人既是社会关系的总和，也与动物一样，具有吃、喝、生殖等功能。自然界是人的无机身体，人与自然界之间进行不间断的物质和能量交换，人也要按照自然界的运行规律生活，白天工作，夜里休息。然而城市人喜欢夜生活，他们在夜里工作或者娱乐，白天则睡觉，颠倒了黑天和白昼，不符合人的生理规律，使得生活缺乏节奏，以至于有些人神经衰弱，精神紊乱，身体羸弱。马克思和恩格斯特别指出，要"把城市和农村生活方式的优点结合起来，避免二者的片面性和缺点"①。城乡融合以后，城市的文化发达、购物方便的优点与农村中空气清新、节奏缓慢的优点结合起来，让人生活在美丽如画的风景中，人成为自然界的守护者，而不是征服者，真正实现了海德格尔所设想的"人诗意地栖居在这片大地上"的生活方式，这种生活方式是"人和自然之间、人和人之间的矛盾的真正解决，是存在和本质、对象化和自我确证、自由和必然、个体和类之间的斗争的真正解决"②。

最后，城乡融合消灭了社会分工，为人自由而全面的发展提供了条件。

私有制产生了细密的社会分工，形成了城乡对立，让人片面发展、处于异化状态。所谓异化，就是人的创造物成为一种异己的力量控制和支配人的命运，具体表现为四种状况，即人同他的类本质相异化、人同劳动活动相异化、人同劳动产品相异化以及人与人相异化。在异化状态下，资产阶级的身体和智力的发展是以无产阶级变为机器和动物以及愚昧无知为代价的。无产阶级的身体羸弱，文化水平低下。私有制既是异化的原因，也是异化的结果，只有推翻资本主义社会，消灭私有制，人们才能摆脱异化状态，实现自由而全面的发展。恩格斯指出："当社会成为全部生产资料的主人，可以在社会范围内有计划地利用这些生产资料的时候，社会就消灭了迄今为止的人自己的生产资料对人的奴役。不言而喻，要不是每一个人都得到解放，社会也不能得到解放。因此，旧的生产方式必须彻底变革，特别是旧的社会分工必须消灭。"③

城乡融合本质上是人的融合，即人不再有阶级对立、职业区别以及性别和种族的隔阂等。原来资产阶级把人变成机器的教育方式，已经转变为产业教育，人们随时可以变换工种，共同享用大家创造的社会福利，在生产实践活动中认识世

① 《马克思恩格斯选集》(第1卷)，人民出版社1995年版，第240页。

② 《马克思恩格斯全集》(第42卷)，人民出版社1979年版，第120页。

③ 《马克思恩格斯选集》(第3卷)，人民出版社1995年版，第644页。

界和改造世界,实现了改造主观世界和客观世界的辩证统一。马克思说:“环境的改变和人的活动或自我改变的一致,只能被看作是并合理地理解为革命的实践。”①三百六十行,行行出状元,每个人都可以成为不同行业的“状元”。在马克思和恩格斯的眼里,城乡融合以后人们不再受社会分工的限制,而是根据自己的兴趣和爱好随意更换工作,想干什么,就干什么:“我有可能随自己的兴趣今天干这事,明天干那事;上午打猎,下午捕鱼,傍晚从事畜牧,晚饭后从事批判,这样就不会使我老是一个猎人、渔夫、牧人或者批判者。”②

城乡融合以后,“将是这样一个联合体,在那里,每个人的自由发展是一切人的自由发展的条件”③。由于社会不存在阶级和阶级对立现象,一些人的发展不再是以另一些人的愚昧无知为代价,而是互为条件、相互促进。当然,人的全面发展也离不开现代科学技术的支撑。

(三)马克思主义城镇化理论的借鉴价值和启示意义

马克思主义城镇化理论总结了城市产生和发展的历史,揭示了城镇化进程的规律,对于中国特色社会主义的城镇化建设有着重大的借鉴价值和启示意义。

第一,中国城市具有亚细亚的生产方式特质,以人为核心的新型城镇化建设既要走出亚细亚,又要回归亚细亚。

马克思认为,亚细亚的城市等级森严,是一个等级空间或者叫绝对空间,难以凭借自身的力量形成现代市民社会。从城市内部看,存在着中心和边缘的区别,皇城或者府衙是城市的中心,子城或者附郭区是边缘,中心控制边缘,边缘依附于城市。从全国来看,中央的都城、地方城市和村镇,如同一个个营垒,凭借铁路、公路等交通网络,从点到连成一个有机整体。统治阶级把各种知识权力融进了城市建筑中,比如楼房、道路、公园、广场中,将统治阶级的意识形态常态化,时刻规训和控制着生活于其中的人们。

每一个社会都生产自己的城市空间,否则它就不能长久地存在下去。民国时期的城市具有明显的亚细亚特质,全国城市中众多的中山路以及用三民主义名词命名的道路,改变着原有的城市空间结构,将国民党国家权力渗透进城市空间,形

① 《马克思恩格斯选集》(第1卷),人民出版社1995年版,第55页。
② 《马克思恩格斯选集》(第1卷),人民出版社1995年版,第85页。
③ 《马克思恩格斯选集》(第1卷),人民出版社1995年版,第294页。

成城市符号,改变着城市记忆系统,影响着人们的城市观念和城市记忆。南京中山路作为孙中山奉安大典的迎梓道路,成为政治象征,改变了南京市的空间格局。孙中山去世后,南京的迎梓道路由三条中山路组成:孙中山的灵柩抵达地下关码头至鼓楼是中山北路,新街口至鼓楼是中山路,从新街口到中山门是中山东路,中山门直通紫金山的中山陵。在新街口花园,中山路与中山东路、汉中路、中正路交汇,形成一个以中山路为中心的辐射状城市布局,突出了中山路至高无上的空间地位。河南省开封市虽然只有一条中山路,但是它通过与其他空间的组合而实现了“中山化”。开封的中山路与中山公园、中山门、护城河上的中山桥,共同组成了“中山”日常生活空间。

以人为核心的新型城镇化建设,要走出亚细亚,即去除亚细亚城市的糟粕,消除“中心—边缘”的城市等级空间结构,大力改造旧城区和棚户区。棚户区是指城市区域内人口密度大、卫生脏乱差、住房拥挤的区域或者“城中村”,占地面积一般约5万平方米。改造棚户区是缩小贫富差距的重要方式,最大难题是资金问题。当前,棚户区改造的资金来源有三个渠道:一是政府财政支出;二是依靠市场,比如信托融资或者市场利率贷款等;三是社会捐助和单位帮助。在棚户区改造中,要依法办事,密切联系群众,讲究方法,反对行政命令、脱离群众、强制拆迁、土地财政等做法,切实维护好人民群众的利益,建设一个自由、平等、公正、法治的社会空间。

以人为核心的新型城镇化建设,要回归亚细亚,即吸收亚细亚城市的精华,“让城市融入大自然,依托现有山水脉络等独特风光,让居民望得见山、看得见水、记得住乡愁”①。亚细亚城市从未脱离过农村,而是与农村融为一体,是山水田园城市,而不是西方流行的“方盒子”式的高楼大厦。吴良镛教授主持的北京菊儿胡同改造,把“四合院”与现代建筑的精华部分结合起来,设计了由荷花缸、花卉盆景、养鱼缸等“老北京”元素构成的“楼式四合院”。钱学森提出,社会主义中国的城市应该具备以下特点:“一是有中国的文化风格;二是美;三是科学地组织市民生活、工作、学习和娱乐。”②借鉴中国古代园林建筑的方法建设新城镇,让高楼有台阶,中间栽上花卉、树林,楼群错落有致,楼上有园林绿地。

人们对城市的记忆和乡愁,不仅在于城市的山水田园风光,即弯弯的月亮、弯弯的小河、弯弯的小桥、弯弯的村庄等物质性的文化,而且在于城市的精神性文

---

① 《十八大以来重要文献选编》(上),中央文献出版社2014年版,第603页。

② 钱学森:《社会主义中国应该建山水城市》,载《城市规划》,1993年第3期。

化。比如民国时期城市中的“中山路”等,成为市民挥之不去的记忆和乡愁。社会主义核心价值观是中国特色社会主义的文化精髓,它给社会主义城市注入了灵魂和生命。今天我们如何培育和践行社会主义核心价值观呢?在城镇化迅速推进的今天,应该让城市空间烙上社会主义核心价值观的印记,弥漫着文化符号。社会主义核心价值观的十二个概念,简洁而又有高度概括性:富强、民主、文明、和谐,自由、平等、公正、法治,爱国、敬业、诚信、友善。用它们命名楼房、道路、小区、广场、公园等,既通俗易懂,又容易识记。用“和谐”命名高速列车,让人们认识了和谐,理解了和谐,使得和谐观念深入大众,值得进一步借鉴和推广。习近平总书记指出:“要利用各种时机和场合,形成有利于培育和弘扬社会主义核心价值观的生活情境和社会氛围,使核心价值观的影响像空气一样无所不在、无时不有。”①

第二,大力发展生产力,助推城乡一体化。

在马克思和恩格斯看来,资本的逻辑在于集中,城市和乡村二元对立是生产力发展水平低下、社会分工的结果。生产力的高度发达,物质产品极大丰富,是城乡融合的前提条件。中国特色社会主义的城乡一体化是在生产力发展的前提下,城市和乡村的居民在生产方式、生活方式和居住方式等方面发生重大变化的过程,它使得城市和乡村的技术、资本、人口、资源等要素相互融合,互相服务、互为市场,逐步实现城市和乡村在经济、政治、文化、社会、生态、空间布局等方面协调发展,合二而一、融为一体。改革开放以来的相当一段时期内,我们国家的政策是非均衡发展模式。不可否认,非均衡的发展模式在一定程度上促进了城乡经济的发展,但因此城乡和区域差距也在逐步拉大。为此,党的十八大提出要实现农村和城市的“同步”发展。推进农村的产业化进程,用龙头产业带动农业经济的发展;城市要大力发展第二、三产业,积极吸收农村剩余劳动力,形成辐射效应,拉动农村的发展,“坚持走中国特色新型工业化、信息化、城镇化、农业现代化道路,推动信息化和工业化深度融合、工业化和城镇化良性互动、城镇化和农业现代化相互协调,促进工业化、信息化、城镇化、农业现代化同步发展”。②

在新型城镇化建设过程中,如果要解决新型城镇化进程中的环境污染问题,让居民诗意地栖居在城市中,必须做好两个方面的工作:一是把握好生产力发展的度,即将经济的增长速度限制在资源环境能承受的范围之内,经济发展要适应

① 《习近平谈治国理政》,外文出版社 2014 年版,第 165 页。

② 《十八大以来重要文献选编》(上),中央文献出版社 2014 年版,第 16 页。

和保持新常态,实现可持续发展;二是抵制市场经济条件下日益泛滥的消费主义思潮,倡导节约主义精神。

首先,把握好生产力发展的度,即适应和保持经济新常态。2014 年 5 月习近平在河南考察时说:"我国发展仍处于重要战略机遇期,我们要增强信心,从当前我国经济发展的阶段性特征出发,适应新常态,保持战略上的平常心态。"①新常态之所以"新",意味着不同于以往为急切解决人民的温饱问题而采取的粗放型经济增长方式;新常态之所以"常",意味着相对和谐,主要表现为经济增长速度与资源环境的承载力相适应;进入新常态,表明我国经济发展的条件和环境已经或即将发生诸多重大转变,经济增长将与过去近 40 年 GDP 两位数的高速度增长基本告别,与传统的粗放型增长模式基本告别。

其次,社会主义新型城镇化建设,要抵制消费主义思潮,倡导节约主义精神。我们应该清醒地认识到,生产力的革命性发展与自然资源稀缺性之间的矛盾不可能让经济实现无限制地增长,也不可能满足每个人无节制的消费需求。新型城镇化中的人不是贪婪的人,而是信仰社会主义核心价值观、具有节约主义精神的人。有资料显示:2014 年中国消费者全球奢侈品消费达到 1060 亿美元,同比增长 4%,买走了当年世界 46% 的奢侈品;本土消费额为 250 亿美元,境外消费高达 810 亿美元,76% 的奢侈品消费发生在境外。② 一些人在享乐主义、奢靡之风等"糖衣炮弹"的攻击下,精神萎靡、毫无斗志,甚至违法犯罪。另外,明星的示范效应极强,以青少年为主体的庞大粉丝群、追星族,刻意模仿明星们的言行举止、穿着打扮。广大青少年身心发育不成熟,正处于心理的"断乳期",往往不能明是非、辨美丑。一些明星生活腐朽、糜烂,热衷于赌博、吸毒、卖淫、嫖娼,严重污染、败坏了社会风气,妨碍青少年形成科学的世界观、人生观。

一个人若沉湎于奢华、缺少了精气神,就没有傲骨和脊梁;一个社会若奢靡之风盛行,信仰发生危机,就不会有生机和活力。每个社会都有自己的精神和核心价值观念。韦伯视新教禁欲主义为中心资本主义的精神,阿根廷著名依附理论学家劳尔·普雷维什设想俭朴主义是外围资本主义的精神。习近平认为,"精神的力量是无穷的,道德力量也是无穷的"③,中国特色社会主义更需要强大的精神支

① 《习近平"新常态"表述"新"在哪里?"常"在何处?》,中国经济网,2014 年 08 月 10 日。

② 王存福:《奢侈品市场内外有别》,载《金融世界》,2015 年第 3 期。

③ 《习近平谈治国理政》,外文出版社 2014 年版,第 158 页。

柱。十八大提出的社会主义核心价值观，旨在为社会“立心”、为老百姓“立命”，是中国特色社会主义不可或缺的精神和灵魂。社会主义核心价值观倡导“富强、民主、文明、和谐，自由、平等、公正、法治，爱国、敬业、诚信、友善”①。习近平总书记指出：“核心价值观承载着一个民族、一个国家的精神追求，要把培育和弘扬社会主义核心价值观作为一项凝魂聚气、强基固本的基础工程常抓不懈，以此夯实中国特色社会主义的思想道德基础。”②

第三，城镇化要以人为核心，以实现人自由而全面的发展为终极目标。

马克思主义是关于人的解放何以可能的学说，深刻地揭示了资本主义以追逐剩余价值为核心的城镇化进程中，无产阶级异化为动物、工具的非人道的悲惨状况，描绘了人在共产主义社会中，生活在城乡融合社会状态中的美好生活情景。马克思主义理论包含着丰富的人道主义和人文关怀，给了中国特色社会主义城镇化建设以深刻的启示，即新型城镇化建设不能走资本主义以物、利润为核心的老路，而是要以人为核心，实现人口要素的自由流动、人在城市中找到工作岗位、移民归化、人的幸福等目标。所谓人口要素的自由流动，是指通过深化改革制约人口自由流动的户籍制度、土地制度，推进农村人口的城镇化和特大城市人口的逆城市化，实现人力资源向人力资本的转化。移民归化是指农民工要在城市中有固定的工作岗位，真正地融入城市之中，不是城市外乡人，而是在城市中有自己的家。家不只是物质性的，即居所、房子、生态环境，而且也是精神性的，也就是说，以社会主义核心价值观为主导的中国特色社会主义文化是人们的精神家园。

① 《十八大报告学习辅导百问》，党建读物出版社、学习出版社 2012 年版，第 28 页。

② 《习近平谈治国理政》，外文出版社 2014 年版，第 163 页。

第二章

中国的城镇化进程

美国著名的城市地理学家诺瑟姆通过研究世界各国城镇化的发展状况，总结出了一条城镇化发展规律，即诺瑟姆S形曲线规律。[①] 根据诺瑟姆曲线规律，城镇化发展可分为早期、中期和后期三个阶段：第一阶段是城镇化的早期，城镇化率一般低于30%，城市人口增长缓慢，当城市人口占全国人口的10%以上后，城镇化水平才存在稍微加速发展的趋势；第二阶段是城镇化的中期，城镇化率在30%至70%之间，当城镇人口超过占全国人口30%的比重时，城镇化便开始了快速发展的趋势，一直到城镇化率达到70%才趋于稳定；第三阶段是城镇化的后期，城镇化率高于70%，人口经济社会发展稳定，城市成熟，如图2-1所示。中华人民共和国成立后我国城镇化的发展历程大致遵循诺瑟姆S形曲线规律，我们将其划分为三个阶段，即城镇化缓慢起步阶段(1949—1977年)、城镇化外延扩张阶段(1978—2012年)、新型城镇化阶段(2012年以后)，人在城镇化发展的三个阶段中经历了一个从"计划人"到"经济人"再到"能力人"的嬗变过程。

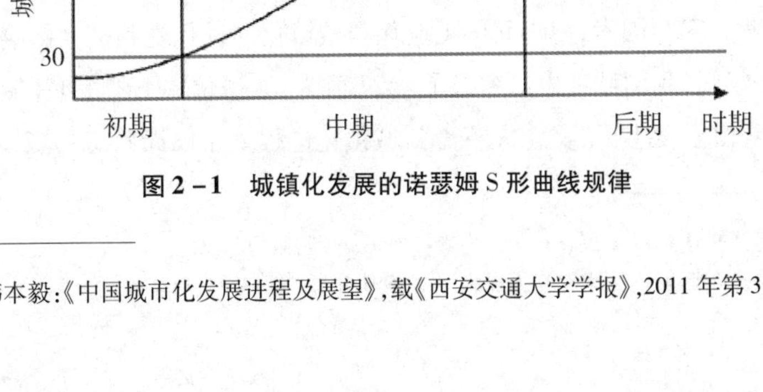

图2-1　城镇化发展的诺瑟姆S形曲线规律

---

① 韩本毅：《中国城市化发展进程及展望》，载《西安交通大学学报》，2011年第3期。

一、社会主义计划经济条件下的城镇化

中国共产党诞生于城市，与中国的城镇化进程息息相关。在领导新民主主义革命的过程中，中国共产党经历了一个“城市——农村——城市”的地域、空间转换过程。1945 年，抗战即将胜利，毛泽东在“七大”报告中展望了新中国成立后，城镇化的美好景象：“将来还要有几千万农民进入城市，进入工厂。如果中国需要建设强大的民族工业，建设很多的近代的大城市，就要有一个农村人口变为城市人口的长过程。”①1949 年 3 月 5 日在西柏坡召开的中共七届二中全会上，毛泽东就提出：“从现在起，开始了由城市到乡村并由城市领导乡村的时期，党的工作重心由乡村移到了城市。……城乡必须兼顾，必须使城市工作和乡村工作，使工人和农民，使工业和农业，紧密地联系起来……必须用极大的努力去学会管理城市和建设城市。从我们接管城市的第一天起，我们的眼睛就要向着这个城市的生产事业的恢复和发展。……我们的同志必须用极大的努力去学习生产的技术和管理生产的方法，必须去学习同生产有密切联系的商业工作、银行工作和其他工作。只有将城市的生产恢复和发展起来，将消费的城市变成生产的城市，人民政权才能巩固起来。”②人的发展必须服从于城市发展，而城市发展要服从于国家的工业化战略。

据中国统计年鉴统计（如表 2－1 所示），在 1949 年至 1978 年间我国年均城镇化率是 16.03%，共有建制城镇 2000 个。因为中国刚经历过近一百年的战乱，所以在 1949 年至 1958 年间，急需发展经济、巩固新政权。为保障城市工业发展，需要充足的劳动力供给。在政府的积极鼓励下，大量农村劳动力迅速向城市流动。在这期间，城镇化进程较快，城市人口和城镇化率年均增长分别为 455 万人和 0.46%。在 1959 年至 1965 年间，由于经济发展战略出现失误、周边局势以及严重的自然灾害等因素，使得我国工业化和城镇化的进程受到极大影响。在 1959 年至 1963 年间，我国城镇人口缩减了 1427 万人，城镇化率下降了 1.6%。1965 年至 1978 年，由于发生了“文化大革命”，城镇化进程处于停滞状态。城镇人口年均

---

① 《毛泽东选集》（第 3 卷），人民出版社 1991 年版，第 1077 页。

② 《毛泽东选集》（第 4 卷），人民出版社 1991 年版，第 1427—1428 页。

增长2%，低于人口的自然增长率，城镇化率下降0.4%。在这个阶段，城镇平均每年增加323万人口，但是城镇化率却年均下降0.03%。牛文元在《中国新型城市化报告2012》一书中认为：如果用一个公式，即城市化率/工业化率 -1表示工业化与城市化的相关关系，其中城市化率 = 城镇人口/总人口，工业化率 = 第二产业增加值/GDP，我们就能计算出1978年中国工业化与城市化的偏差系数为 -0.53，1978年至2009年的平均偏差系数 -0.272，这意味着我国的城镇化水平长期滞后于工业化的发展。①

表2-1　1949—1978年中国城镇化进程②

年份	全国人口（万人）	城镇人口（万人）	城镇化率（%）	城镇化年均增长百分点	城市总数（座）	建制镇数
1949	54167	5765	10.64		132	2000
1950	55196	6169	11.8			
1952						
1955	61465	7163	12.5		160	
1957		9949			177	
1960	66207	13073	19.75			
1965	72538	13046	17.99			
1970	82992	14424	17.38			
1975	92420	16030	17.34			
1976	93717	16341	17.44	0.10		
1977	94974	16669	17.55	0.11		
1978	92259	17245	17.92	0.37	193	

资料来源：中国统计年鉴

1950年以后我国开始推进工业化建设，学习苏联，实行重工业优先发展、农产品统购统销、城乡户籍分立的三位一体发展模式。实际上，这个时期的城镇化进程从属于工业化的要求，城市发展的类型和目标倾向于资源型城市和工业型城

① 赵大兴：《毛泽东时代中国城镇化进程的特征分析》，载《重庆交通大学学报》，2014年第3期。
② 刘勇：《中国城镇化发展的历程、问题和趋势》，载《经济与管理研究》，2011年第3期。

市。发展工业需要资本积累,新中国是社会主义国家,既不能走资本主义依靠殖民掠夺获取原始积累的老路,由于当时的国际环境,也不能依靠国际贸易和引进外资获取资本积累。新中国的资本积累只能来自于农业以及广大工人的无私奉献。有资料统计,当时农业部门每创造100元的价值,就有一部分通过价格"剪刀差"的形式转移到工业领域,1952年是17.9元,1957年是23元,1978年是25元。从1952年至1978年间,农业资本共流出了4452.97亿元。[①] 肖冬连认为,在1978年以前,农业为工业化筹集的资金是4881亿元,而在这期间我国的工业投资只有3679.6亿元。农业提供的资金大于国家同期投资固定资产的总量。[②] 很显然,工业化的第一个阶段是农业支持工业。工人、农民、知识分子作为新中国的主人,是生产者和奉献者,为实现工业化目标,他们不计个人得失,愚公移山,战天斗地,洋溢着热情和激情,推动了我国城镇化的发展。

第一个五年计划时期,我国工业城市分布基本与生产力的布局相一致,重点城市集中在东北、中西部等工业资源丰富的地区,希望通过工业生产力的合理分布,改变旧中国遗留的生产力分布不均衡情况。"一五"期间,苏联援建了156个工业项目,中央根据重点发展内地工业、区域均衡发展、国防安全等建设原则,统筹安排工业化布局:106个民用工业企业,中部地区有32个,东北地区50个;44个国防企业,中西部地区有35个。[③] 1954年8月11日,《人民日报》发表社论,明确提出"社会主义城市的建设和发展必须从属于社会主义工业的建设和发展",并强调要坚决贯彻以城市建设为重点的方针。1955年6月19日《人民日报》发表社论,要求"坚决降低非生产性建筑的标准",因为"非生产性建筑也是基础建设的一部分,但不是基础建设的主要部分,主要部分是生产性建设。这些是实现社会主义工业化的物质基础,其标准低一些并不妨碍生产,相反还可以腾出资金来发展生产"。[④] 1955年7月5日,在第一届全国人民代表大会第二次会议上,李富春说:"不少新工业区的城市建设也标准过高,过早地要求现代化,过分地讲究街道市容,所有这些都浪费了资金,浪费了人力物力,违反了重点建设的方针。其他非

---

① 李溦:《农业剩余价值与农业化资本积累》,云南人民出版社1993年版,第311页。
② 肖东连:《中国二元社会结构形成的历史考察》,载《中共党史研究》,2005年第1期。
③ 段娟:《从均衡到协调:新中国区域经济发展战略演进的历史考察》,载《兰州商学院学报》,2010年第6期。
④ 转引自武廷海:《空间共享》,商务印书馆2014年版,第62页。

生产性建设标准一律都要大大降低下来,城市规划的标准也要降低。”①

至此,中国走上了具有计划经济特色的“城镇化依附于工业化”道路,城市被视为工业化的载体,“变消费城市为生产城市”成为城镇化的主旋律,全国一盘棋,举全国之力保证重点工业建设,然后配套建设了一批“工业城市”,作为保障工人生活的城市新区。国家将多数资源投资于重工业生产,提出了“先生产后生活”的口号,极大地推动了我国工业化进程。同时,人们没有看到城市的生活和消费也是推动工业化的巨大力量,在一定程度上减缓了城镇化的进程。

在计划经济条件下,人口、生产力、消费品等都需要在城市和乡村之间保持相对平衡,一旦人口流动加强,人口过多地汇集于城市,对粮食等基本消费品的需求增加,就会打破原来脆弱的城乡平衡。为解决城市劳动力过剩和农村人口涌入城市等问题,在新中国成立之初,多次颁布控制城市人口数量的政策性法规。1951年7月,新中国颁布第一个户籍法规《城市人口管理暂行条例》,对城市居民进行户籍管理,凡是在城市中有工作、房屋等生活基础的人,都加以注册登记。此后,随着一些法律、法规的颁布和实施,逐渐形成了一套完整的户籍体系。例如,1953年颁布的《关于劝止农民盲目流入城市的指示》,1958年颁布的《中华人民共和国户口登记条例》,1964年的《公安部关于处理户口迁移的规定》等。这在一定程度上限制了人口自由流动,对城镇化进程有一定抑制作用。据统计,1961—1963年,全国总共精简职工2546万人,其中有1641万人从城镇回到农村,我国的城镇人口从1961年1月至1963年6月,共减少2600万人,我国城镇人口第一次出现了大规模倒流现象。②

在1949年至1977年间,我国将工业和基础设施建设的大部分资金投向内陆地区,自20世纪60年代以后,这种趋势表现得更加明显。1964年国家启动了“三线建设”③,这是一项旨在改变国家经济产业布局的战略举措。在“三线建设期间”,国家将2052.68亿元的巨资投在中西部内陆地区的13个省,这个投资数额占同期全国基建总投资的39.01%,比1953年至1964年全国全民所有制企业基

① 转引自武廷海:《空间共享》,商务印书馆2014年版,第63页。

② 李国平:《我国工业化与城镇化的协调关系分析与评估》,载《地域研究与开发》,2008年第5期。

③ 所谓“三线”,一般是指当时经济相对发达且处于国防前线的沿边沿海地区向内地收缩划分三道线。三线地区包括四川(含重庆)、贵州、云南、陕西、甘肃、宁夏、青海7个省区及山西、河北、河南、湖南、湖北、广西等省区的腹地部分,共涉及13个省区。

建投资的总和还要多,一共建成了1100多个大中型工矿企业、科研单位和大专院校。[①] 从1965年起,陆续建成了湘黔、川黔、成昆、贵昆等十几条铁路干线。"三线建设"改变了我国的传统工业布局,提高了中西部内陆地区的工业化水平,内地与沿海地区的工业差距被缩小,极大地推进了中西部地区的城镇化进程。1975年,"三线"地区的全民所有制工业固定资产总值在全国的比重已经从1965年的32.9%上升为35.3%;工业总产值占全国工业总产值的比重由22.3%升至25%;当时全国有1500家大型企业,其中分布在"三线"地区的高于40%。[②] "三线建设"不仅推动了中西部地区工业的发展,而且拉动了中西部地区的城镇化发展进程。在20世纪60年代至70年代我国整体城镇化进程出现停滞趋势时,中西部内陆地区的城镇化却有了长足发展,中国城镇化呈现出一个整体停滞而局部地区突进的特有现象。"三线建设"时期,一些中西部地区原有的重点城市得到进一步发展,比如西安、兰州、长沙、包头、重庆、宝鸡、成都、西宁等,同时,随着一些重大工业项目的投资和建设,中西部地区崛起了一大批新工业城市,比如绵阳、十堰、格尔木、六盘水、攀枝花等,中西部内陆地区的城镇化水平突飞猛进。到改革开放以前的20世纪70年代末80年代初期,我国东、中、西部地区的城镇化率分别为20.9%、20.1%和16.2%。[③]。显而易见,中西部地区和东部沿海地区的城镇化程度已经十分接近,趋于平衡。必须特别指出的是,中国城镇化的这种平衡是一种低水平的平衡,而不是城镇化发展到城乡一体化或者城乡融合的高级阶段后的平衡,它由国家工业化建设的模式以及工业化战略布局所决定。

二、社会主义市场经济条件下的城镇化

改革开放之初,我国城镇化进程缓慢,农村发展滞后。当时农村人口占全国人口的80%,被束缚在有限的土地上,人均拥有一两亩地,生活资料匮乏,处于贫困状态,很多人连基本温饱问题都没有解决。同时,大批知识青年返城,因为受到户口、年龄、文化水平等方面的限制,就业困难,生活窘迫。由于人们受经济条件

---

① 杨德才:《中国经济史新论》下册,经济科学出版社2009年版,第238—239页。

② 杨德才:《中国经济史新论》下册,经济科学出版社2009年版,第242页。

③ 李国平、谭玉刚:《中国城市化特征、区域差异及其影响因素分析》,载《社会科学辑刊》,2011年第1期。

的制约,迫切需要发展经济,来解决基本生存问题,“以经济建设为中心”“发展才是硬道理”成了改革开放初期的主旋律。城市是经济建设的主要载体,邓小平说:“大量农业劳动力转移到新兴的城镇和新兴的中小企业。这恐怕是必由之路。总不能把农民束缚在小块土地上,那样有什么希望?”[①]此后,在改革开放的推动下,中国的城镇化得到突飞猛进的发展。

改革开放之初,为了实现经济的快速发展,我国实行了以效率为核心的城镇化发展战略,希望通过东部地区城镇的快速发展,形成集聚效应,吸引国际产业转移和外资进入,在规模报酬递增的正反馈机制的作用下,率先城镇化的地区形成了一种强大的向心力,使得其他地区的生产要素向本地区集中,逐步发展成为经济发展、城镇化的中心区。在经历一定阶段后,大规模集聚的中心地区,不可避免地出现生产成本上升、环境污染、市场准入门槛高等不利因素,形成经济发展的离心力,使得一些产业向外围迁移,从而实现城镇化均衡发展。国家将东部沿海地区作为城镇化率先发展区域,因为这些地区有三个区位优势:一是地理条件优势,沿海地区有得天独厚的地理条件,交通发达,港口优良,同国际经济联系密切等;二是区域政策,国家实施了重点产业布局“向东部地区倾斜”的政策,给予东部地区一些特殊政策、灵活措施;三是历史和人文因素,一些地区具有对外开放的历史和人脉关系,比如“侨乡”地区、毗邻港澳台地区等,它们在吸收投资方面具有独特的优势。改革开放之初的城镇化发展战略,旨在使一部分地区先富起来,先富起来的地区产生示范效应,进而带动其他地区的城镇化进程。

1981 年至 1985 年“六五”规划期间,实施城镇化发展战略,强调效率优先,先富地区带动后富地区,主要措施是设立经济特区、控制大城市和大力发展中小城市。1980 年国务院批复《广东省经济特区条例》,广东在全国率先建立了深圳、珠海、汕头三个经济特区,成为城镇化发展的领头羊,这是社会主义经济建设和城镇化建设中的一个伟大创举。1984 年国务院决定开放海南岛和十四个沿海港口城市,即大连、秦皇岛、天津、烟台、青岛、连云港、南通、上海、宁波、温州、福州、广州、湛江、北海。1985 年开放闽南三角区、珠江三角区和长江三角洲,并把山东半岛和辽东半岛划为经济开放区。1986 年至 1990 年“七五”规划期间,继续推行“六五”期间的城镇化发展战略。1990 年国务院做出了开发浦东的重大决策,同时新开放了 18 个省会城市、5 个沿江城市、13 个沿边城市、34 个开放口岸。1991 年至 1995

---

① 《邓小平文选》(第 3 卷),人民出版社 1993 年版,第 213—214 页。

年“八五”规划期间，仍然坚持非均衡发展的城镇化战略，提出严格控制大城市规模，大力发展小城镇，加快中西部地区乡镇的发展。1996年至2000年“九五”规划期间，提出了非均衡协调发展战略，注重效率，兼顾公平，大中小城市与小城镇之间实现协调发展。2001年至2005年“十五”规划期间，实行了相对均衡的城镇化发展战略，既要提高东部城镇化的水平，又要辐射和带动中西部地区的城镇化。2006年至2010年“十一五”规划期间，以特大城市为依托，形成具有巨大辐射作用的城市群，开发以滨海新区为核心的环渤海经济区，实施“四轮驱动”战略，即推进西部大开发，振兴东北地区等老工业基地，中部地区崛起，东部地区率先发展的区域发展战略，促进区域协调互动发展。2011年至2015年“十二五”规划期间，同时实施区域发展总体战略和主体功能区战略，强调西部大开发战略在区域发展总体战略中的优先地位（如图2-2所示）。

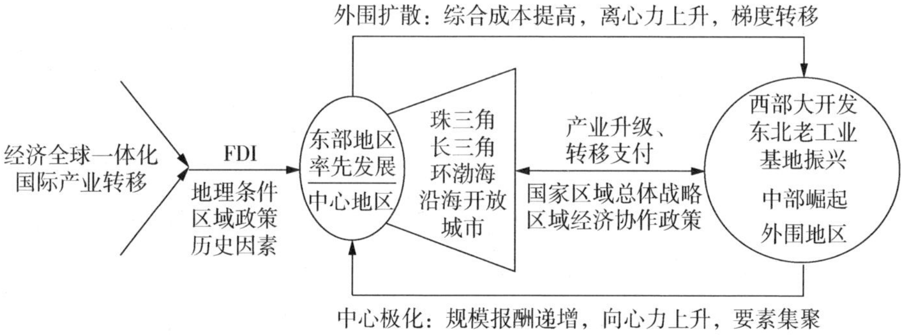

图2-2 改革开放以来中国城镇化的发展战略①

改革开放以来，我国城镇化经历了一个起点比较低，但是发展速度快的历史过程，取得了巨大成绩。

首先，城镇化率迅速提高。新中国成立初期，我国城市人口只有0.56亿，1949年城镇化率仅为10.64%，2009年城镇化率达到48.34%，2013年我国城镇化率再创新高，达到53.73%（如图2-3所示）。从1949年到2012年平均每年提高0.67个百分点，尤其是1990年到2012年速度更快，年平均提高1.19个百分点。“十二五”规划期间，我国的城镇化实现了两大突破：一是城镇化率超过

① 刘乃全、刘学华、赵丽岗：《中国区域发展与空间结构的演变——基于改革开放30年时序变动的特征分析》，载《财经研究》，2008年第11期。

50%，国家整体进入了城市社会；二是2012年我国的城镇化率是52.6%，比世界整体水平的52.5%略高，并以年均高于世界整体水平0.5个百分点的速度推进。2013年我国的城镇化率已达到53.7%，2014年是54.77%，城市人口迅速增多，增加至7.3亿。无论是从规模、程度方面，还是从速度方面，改革开放以后我国城镇化的迅速发展都是人类城镇化历史上的奇迹，掀起一股"造城"热潮。有资料统计，英国的城镇化率从20%提高到40%，用了120年的时间，法国、德国和美国分别用了100年、80年和40年，而我国只用了1981年至2003年之间的22年。① 不过，我国目前的城镇化水平与发达国家相比还有比较大的差距。

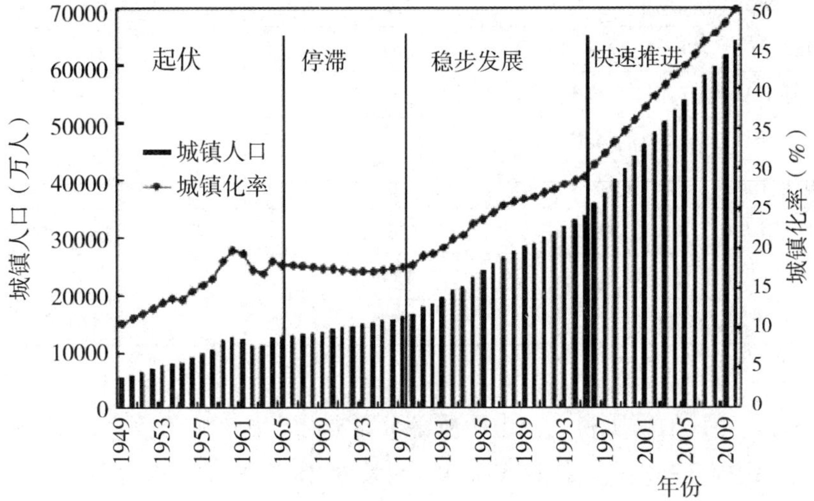

图2-3　中国城镇化发展进程（1949至2009）②

其次，城市数量急剧增多。在1978年至2010年间，城市数量也从193个增加至658个，其中：1000万人口以上城市从0个增至6个；500万至1000万人口城市从2个增至多10个；300万至500万人口城市从2个增至21个；100万至300万人口城市从25个增至103个；50万至100人口城市从35增至138个；50万人口以下的城市从129个增至380个。建制镇数量增幅更是惊人，从1978年

① 张许颖、黄匡时：《以人为核心的新型城镇化的基本内涵、主要指标和政策框架》，载《中国人口·资源与环境》，2014年第3期。

② 张车伟、蔡翼飞：《中国城镇化格局变动与人口合理布局》，载《中国人口科学》，2012年第6期。

的2173个增加为2010年的19410个,2013年建制镇总量已经达到20113个,如表2－2所示。当前,已经形成了珠江三角洲、长江三角洲和京津冀三大城市群。这三大城市群共占国土面积的2.8%,却集聚了18%的人口,创造的国内生产值总量占全国的36%,成为拉动我国经济增长和参与国家经济活动的重要空间场所。

表2－2 城市(镇)数量和规模变化情况表①

1978年和2010年城市(镇)数量和规模变化情况表		
	1978年城市(镇)数量	2010年城市数量
城市(镇)总量	193	658
1000万人口以上的城市	0	6
500万至1000万人口的城市	2	10
300万至500万人口的城市	2	21
100万至300万人口的城市	25	103
50万至100万人口的城市	35	138
50万人口以下的城市	129	380
建制镇的数量	2173	19410

最后,市民的物质和文化生活质量全面提升。城市中的信息网络、水电供应、道路设施等基础设施比较齐备,医疗、教育、体育文化、社会保障等公共服务水平提高明显,人均绿地面积、住房面积大幅度增加,海绵城市、数字城市建设成效显著。根据2012年的统计数字,我国城市中用水普及率是97.2%,燃气普及率是93.2%,人均道路面积14.4平方米,人均住宅建筑面积是32.9平方米,污水处理率是87.3%,人均公园绿地面积是12.3平方米,普通中学是17333所,病床数273.3万张,基本上满足了市民的物质和文化生活的需求。如表2－3所示。

① 《国家新型城镇化规划(2014—2020年)》,人民出版社2014年3月版,第8页。

表2－3　城市基础设施和服务设施变化情况①

城市基础设施和服务设施变化情况		
指标	2000年	2012年
用水普及率(%)	63.9	97.2
燃气普及率(%)	44.6	93.2
人均道路面积(平方米)	6.1	14.4
人均住宅建筑面积(平方米)	20.3	32.9
污水处理率(%)	34.3	87.3
人均公园绿地面积(平方米)	3.7	12.3
普通中学(所)	14473	17333
病床数(万张)	142.6	273.3

在1978年至2012年城镇化迅速扩张的过程中，经济发展还存在着某种程度上以GDP为核心，而不是以人为核心的重物轻人的问题，比如农民工难以融入城市社会、农村留守妇女儿童、"城市病"严重等，还有待政府高度重视并着力解决。

首先，人口城镇化滞后于土地城镇化。人口城镇化是城镇化的核心，是指城市人口在城市总人口中的比例和比重。土地城镇化是城镇化的物质载体，是指城市土地在城市总用地中的比例。在我国城镇化的发展历程中，城市用地急剧扩张，城市人口与城市建设用地在动态增长中出现了偏差和比例不协调的问题，使得人口城镇化远远落后于土地城镇化。一些城市只注重外延式的扩张，类似"摊大饼"，过分追求新城新区、宽马路、大广场、大学城、科技开发区，使得新建城区人口密度过低，甚至出现了无人居住的"鬼城"现象。

有资料统计，从1996年至2012年，全国建设用地年均增加724万亩，城市建设用地年均增加357万亩；从2010至2012年间，全国建设用地年均增加953万亩，城市建设用地年均增加515万亩；在1991年至2010年间，我国城市建成区面积增长76.4%，扩大了2.12倍，而城市人口的增长速度则是50.5%，仅仅增长了0.89倍，土地扩张率是人口增长率的2.38倍，农村人口减少了1.33亿人，而居民用地却增加了3045万亩。②

尹宏玲、徐腾采用离差系数公式计算城市人口增长与土地增长之间的偏差，离差系数越大，城市人口增长与土地增长之间失调越严重，反之亦然。在这个公

① 《国家新型城镇化规划(2014—2020年)》，人民出版社2014年3月版，第8页。

② 《国家新型城镇化规划(2014—2020年)》，人民出版社2014年3月版，第10页。

式中，C_V 表示离差系数，S 是标准差，$\bar{X}$是平均值，L 是城市建设用地综合增长率，P 是城市人口综合增长率。

$$C_V = \frac{S}{|\bar{X}|}$$

$$= \frac{\sqrt{\frac{1}{2}\left[\left(P - \frac{P+L}{2}\right)^2 + \left(L - \frac{P+L}{2}\right)^2\right]}}{\left|\frac{P+L}{2}\right|}$$

$$= \left|\frac{P-L}{P+L}\right|$$

尹宏玲、徐腾根据学术界已有的研究成果，制定了城市人口—土地城镇化失调标准和等级，即极度失调（1 以上）、严重失调（0.8—1）、高度失调（0.6—0.8）、中度失调（0.4—0.6）、轻度失调（0.2—0.4）、协调发展（0—0.2）。经过计算显示：2007 年我国城市人口是 33577 万人，城市建设用地 36351.7 平方千米，离差系数是 7.6999，属于极度失调等级；2008 年城市人口是 333471.1 万人，城市建设用地是 39140.5 平方千米，离差系数为 1.0857，属于极度失调等级；2009 城市人口是 34068.9 万人，城市建设用地是 41155.9 平方千米，离差系数是 0.4849，属于中度失调等级；2010 年城市人口是 35373.5 万人，城市建设用地 42187.5 平方千米，离差系数是 0.2088，属于轻度失调等级。经过计算得出结论是：我国的人口城镇化与土地城镇化发展不协调，土地城镇化快于人口城镇化，但是这种失调趋势逐年下降。如表 2－4 所示。

表 2－4　2006—2007 年全国城市人口与建设用地变化情况①

年份	城市人口（万人）	城市建设用地（km^2）	离差系数
2006	33288.7	36595.8	——
2007	33577.0	36351.7	7.6999
2008	33471.1	39140.5	1.0857
2009	34068.9	41155.9	0.4849
2010	35373.5	42187.5	0.2088

① 尹宏玲、徐腾：《我国城市人口城镇化与土地城镇化失调特征及差异研究》，载《城市规划学刊》，2013 年第 2 期。

其次，一些农民工不能融入城市，“嵌入”式特征突出，“内卷化”趋势明显。2013年我国农民工的总量已达2.69亿人，其中青年农民工占70%以上，是城市流动人口的重要组成部分。大多数农民工虽然户籍在农村，但是他们长期工作和生活在城市中，既是城市的建设者，也是城市建设成果的受益者。他们渴望融入城市生活，希望做真正的城里人，即像当地居民一样参与城市和社区管理，享受城市文明的成果和服务，但是实际上却很难融入都市生活，一些农民工变成了尴尬的“都市外乡人”。

“内卷化”原来是文化学上的一个概念，意指一种内部不断精细的文化学现象，后来被黄宗智、杜赞奇等学者发展成为一个研究城乡关系理论的核心概念，是指“由于系统外部扩张受到限制，使得系统内部变得精细复杂化而无实际增长的过程”[①]。农民工生活的群体是一种同质群体，即一种相互吸引、彼此认同的群体。一些农民工由于难以接触到同质群体以外的人而形成心理和行为上的内卷、封闭状态，以至于只能局限于老乡、工友、合租伙伴、亲戚等同质群体的狭小空间内，寻找社会资本和发展空间，使得他们“越卷越紧”“内卷化”，形成了心在同质群体而身在城市社区的隐形隔离状态。农民工参与意识淡薄，很少积极投身于社区组织的各项服务工作和文艺活动，即使偶尔参加，也是被动的“动员参与”。有学者调查发现，87.3%受访农民工回答没有参加过社区的日常管理或者服务工作，比如社区会议、社区选举、志愿者活动，原因是不感兴趣或者忙于工作；42.2%的受访农民工之所以参加社区活动，是因为“有人多次劝说，碍于情面”而被动地参与，并且每次参加后都感到很后悔。[②] 多数农民工的业余生活形式主要是睡大觉、甩扑克、搓麻将、下棋、玩手机和电脑游戏、抽烟、喝酒等。

最后，城镇化过程中的“土地财政”政策导致一些农民利益受损、贫富分化。

中国城镇化模式的突破，开始于20世纪80年代，当时农业落后，无力为城市建设提供大量的资金。香港城市建设的经验，被深圳、珠海、厦门等城市所仿效。它们通过出让城市的土地使用权获取城市基础建设的巨额资金。自1994年开始，我国实施分税财政管理体制，简称分税制。在对各级政府事权范围合理划分的基础上，按照税收划分各级政府的预算收入，使得各级政府的预算相对独立，负

---

① 肖云、邓睿：《新生代农民工城市社区融入困境分析》，载《华东农业大学学报》（社会科学版），2015年第1期。

② 参见肖云、邓睿：《新生代农民工城市社区融入困境分析》，载《华东农业大学学报》（社会科学版），2015年第1期。

有明确的平衡责任，通过转移支付制度调节各地区间的差别。实行分税制后，中央政府的财力雄厚，而地方政府的财政捉襟见肘，收支之间出现了严重不平衡。根据分税制的职权划分，地方政府有权征收房产税、土地增值税、城市土地使用税、国有土地有偿使用收入等税种，换而言之，地方政府在房地产领域拥有较大的自主权。分税制改革极大地压缩了地方政府的税收比例，却将当时收益甚微的土地划给了地方政府，奠定了土地财政政策的基础。随着一系列土地政策的出台，比如1998年的住房制度改革，2003年土地招拍挂制度，即让卖方决定市场，使得土地财政政策不断成熟和完善。令人吃惊的是，分税制不仅没让地方政府穷困潦倒，反而因为土地财政政策帮助政府以惊人的速度积累起巨额资金，以至于我国地方政府雄厚的财力在世界上都是罕见的。在土地财政政策的推动下，我国城镇化实现了高速发展。

土地财政的收入是惊人的，有资料统计，全国土地出让合同价款2010年是2.7万亿元，2011年是3.15万亿元，2012年是2.60万亿元。① 我国财政部公布的2014年财政收支情况是：地方政府性基金收入是4.99万亿元，其中国有土地使用权出让收入是4.26万亿元，同比增加1340亿元，增长3.2%。②

土地财政创造性地将土地作为信用基础的制度，这是一个伟大的创新，若没有土地财政的支撑，中国的城镇化道路就是空谈。然而利弊相连，土地财政也出现了一些问题，例如在城镇化过程中如何保证进城农民的利益，如何控制部分人炒高房价，如何控制不动产借贷的金融风险等。

三、以人为核心的新型城镇化

城镇化过程实质上是人的发展和转变过程，人在这个过程中要实现三维转换：一是人的生活场域从农村空间向城市空间转换；二是人的职业从农业向非农产业转换；三是人从农民向市民的身份转换。当前，多数人实现了前两个转换，而没有实现市民身份的转变。要彻底完成这一转变，必须改变旧的城镇化模式，变以地方政府赚钱的旧城镇化为以人为核心的新型城镇化，即以人的能力全面发展

---

① 赵燕菁：《重新研判"土地财政"》，载《第一财经日报》，2013年5月13日。

② 《去年地方政府土地出让收入4.26万亿，创历史新高》，载《京华时报》，2015年2月6日。

为核心的城镇化,这是政府大量贴钱的城镇化。

(一)"以人为核心的新型城镇化"的提出过程

"以人为核心的新型城镇化"是以习近平为核心的党中央提出的一个重要命题,它意味着新型城镇化要以人为核心,是马克思主义关于人民群众是历史创造者和"坚持以人民为中心"理念在城镇化实践中的运用和发展。"以人为核心的新型城镇化"命题萌芽于党的十八大报告。党的十八大报告提出,"加快改革户籍制度,有序推进农业转移人口市民化,努力实现城镇基本公共服务常住人口全覆盖。""加快完善城乡发展一体化体制机制,着力在城乡规划、基础设施、公共服务等方面推进一体化,促进城乡要素平等交换和公共资源均衡配置,形成以工促农、以城带乡、工农互惠、城乡一体的新型工农、城乡关系。"

2013 年中央 1 号文件提出"有序推进农业转移人口市民化,把推进人口城镇化特别是农民工在城镇落户作为城镇化的重要任务"①。2013 年 11 月,党的十八届三中全会首次明确提出"以人为核心的城镇化"命题,要求"坚持走中国特色新型城镇化道路,推进以人为核心的城镇化,推动大中小城市和小城镇协调发展、产业和城镇融和发展,促进城镇化和新农村建设协调推进"。2013 年 12 月 14 日,中央召开城镇化工作会议,把推进农业人口市民化作为首要任务,规定四类城市差别落户,即取消建制镇和小城市的落户限制,中等城市户口有序开放,大城市落户条件放宽,严格控制特大城市人口规模。中央城镇化工作会议用带有诗意的语言描述了以人为核心的新型城镇化的美好景象:"把城市放在大自然中,把绿水青山保留给城市居民。体现尊重自然、顺应自然、天人合一的理念,依托现有山水脉络等独特风光,让城市融入大自然,让居民望得见山、看得见水、记得住乡愁。"②2013 年 12 月 18 日,公安部公布户籍改革时间表,提出了"有家有业,就地落户"的目标,即到 2020 年形成以常居住地作为户口登记的基本形式,以合法稳定的职业和居所为迁移户口的基本条件,以人为本、城乡统一的新型户籍制度。

2014 年 3 月,中共中央和国务院印发了《国家新型城镇化规划(2014—2020 年)》,规定了未来城镇化的战略任务、发展目标、发展路径,从农业转移人口市民化、户籍制度城乡统一化、棚户区改造等方面,界定了新型城镇化"新"的内涵,是

① 庄荣盛:《以人为核心的新型城镇化能走多远》,载《社会科学》,2014 年第 3 期。
② 《习近平总书记系列重要讲话读本》,学习出版社、人民出版社 2014 年版,第 74 页。

指导以人为核心新型城镇化建设的基础性、宏观性、战略性的规划。2015 年 10 月党的十八届五中全会通过的《中共中央关于制定国民经济和社会发展第十三个五年规划的建议》完整提出了“以人为核心的新型城镇化”命题，要求“深化户籍制度改革，促进有能力在城镇稳定就业和生活的农业转移人口举家进城落户，并与城镇居民有同等权利和义务。实施居住证制度，努力实现基本公共服务常住人口全覆盖”。自此以后，以人为核心的新型城镇化理念已经深入人心，成为指导新时代中国城镇化建设的主导思想。

（二）以人为核心的新型城镇化的指标体系

2014 年 3 月，中共中央、国务院发布的《国家新型城镇化规划（2014—2020 年）》提出了新型城镇化四大板块，即城镇化水平、基本公共服务、基础设施、资源环境，四大板块又分解为 18 个具体指标，组成了一个严密的新型城镇化指标体系。城镇化水平板块，有两个具体指标：到 2020 年，常住人口城镇化率达到 60% 左右，户籍人口城镇化率约为 45%。基本公共服务板块有五个指标：到 2020 年农民工随迁子女接受义务教育比例≧99%；城镇失业人员、农民工、新成长劳动力免费接受职业技能培训覆盖率≧95%；城镇常住人口基本养老保险覆盖率是 98%；城镇常住人口保障性住房覆盖率≧23%。基础设施板块包括六个指标：百万人口以上城市公共交通占机动化出行比例 60%；城镇公共供水普及率是 90%；城市污水处理率是 95%；城市生活垃圾无害化处理率是 95%；城市家庭宽带接入能力≧50Mbps；城市社区综合服务设施覆盖率是 100%。资源环境板块包含五个指标：人均城市建设用地是 65—115 平方米，新建城市是 85.1—105 平方米；城镇可再生资源比重是 13%；城镇绿色建筑占新建建筑比重是 50%；城市建成区绿地覆盖率是 38.9%；地级以上城市空气质量达到国家标准的比例是 60%。如表 2 – 5 所示：

表 2 – 5 以人为核心的新型城镇化主要指标①

指标	2012 年	2020 年
城镇化水平		
常住人口城镇化率（%）	52.6	60 左右
户籍人口城镇化率（%）	35.3	45 左右

① 《国家新型城镇化规划（2014—2020 年）》，人民出版社 2014 年版，第 20 页。

续表

基本公共服务		
指标	2012 年	2020 年
农民工随迁子女接受教育比例(%)		≧99
城镇失业人员、农民工、新成长劳动力免费接受基本职业技能培训覆盖率(%)		≧95
城镇常住人口基本养老保险覆盖率(%)	66.9	≧90
城镇常住人口基本医疗保险覆盖率(%)	95	98
城镇常住人口保障性住房覆盖率(%)	12.5	≧23
基础设施		
百万以上人口城市公共交通占机动化出行比例(%)	45	60
城镇公共供水普及率(%)	81.7	90
城市污水处理率(%)	87.3	95
城市生活垃圾无害化处理率(%)	84.8	95
城市家庭宽带接入能力(Mbps)	4	≧50
城市社区综合服务设施覆盖率(%)	72.5	100
资源环境		
人均城市建设用地(平方米)		≦100
城镇可再生资源消费比重(%)	8.7	13
城市绿色建筑占新建筑比重(%)	2	50
城市建成区绿地率(%)	35.7	38.9
地级以上城市空气质量达到国家标准的比例(%)	40.9	60

(三)如何理解新型城镇化的规则

2014 年 3 月 5 日,中共中央、国务院印发的《国家新型城镇化规划(2014—2020 年)》(以下简称《规划》)突出了城镇化"存量优先"的原则,也就是说,政府不再追求城镇化外延的扩张,而是优先将进城农民市民化,以存量带动增量,提升城镇化的内涵和质量。《规划》以"化人"为一条红线,将"城镇化中人往哪里去""城镇化的费用从哪里来""城市土地怎么用"等城镇化建设中的重大问题连贯成一个有机整体,提出了一些关于城镇化的新思路、新举措。

1. 人去哪里

《规划》指出，到2020年我国常住人口城镇化率约为60%，户籍人口城镇化率达到45%左右。按照这个目标，未来几年我国城镇化率年均增幅为0.87个百分点，意味着我国要解决1亿多农业转移人口和其他常住人口的落户和居住问题。《规划》对于“存量转移人口”，即已经在城镇就业的农民工，政府将通过以下政策将其市民化：保障随迁农民工子女享受平等的受教育权利；拓宽住房保障渠道；扩大社会保障全社会覆盖等措施，使之享受城镇基本公共服务。对于“增量人口”，即未来转移到城镇的农民工，政府采取调整产业结构的方式或者差别落户政策，引导农业人口流到城镇，主要流向三个区域：一是中西部地区的重点城市群；二是东部地区城市圈周边的中小城市和城镇；三是特色突出的中小城市。

第一，人口流向中西部地区的重点城市群。在中西部城镇体系比较健全、经济比较发达、中心城市拉动力较大的地区，积极培育一些城市群，比如成渝、中原、长江中上游、哈长等，形成生态环境优美、生活品质优良、经济充满活力的新型城市群。丝绸之路经济带把这些城市群和节点城市与国外城市连接起来，形成中亚乃至整个欧亚大陆的区域合作空间。这些城市群，依托当地优势资源发展特色产业，利用各种优惠政策吸引一些有市场竞争力、效益好的劳动密集型企业，大量吸纳东部返乡农民工以及就近转移的农业人口。2013年12月召开的中央农村工作会议提出，引导1亿人在中西部城市群区域实现就近城镇化，这意味着中西部地区将迎来新的发展机遇，城市辐射力加大，人口凝聚力增强。

第二，东部地区城市群周边的中小城市和小城镇。东部地区城市群主要分布在优化开发区域，京津冀、长江三角洲和珠江三角洲城市群，是我国最具经济活力、吸纳外来人口最多的地区，要将其建设成世界级的城市群。这些城市群中的核心城市面临着资源、生态环境、人口密集等压力，应该严格限制外来人口落户条件，控制人口规模。东部城市群内中小城市和小城镇劳动密集型产业聚集，毗邻核心城市，住房价格较低，有可能共享核心城市的基础设施与公共服务，因此，人口容纳能力较强，是外来务工人员理想的创业地和生活场所。

第三，部分区位优势明显或具有特色资源的中小城市。《规划》指出：“把加快中小城市作为优化城镇规模结构的主攻方向，加强产业和公共服务资源的引导，提升质量，增加数量。”①小城镇是大城市的卫星城，小城镇要得到快速发展，必须

① 《国家新型城镇化规划(2014—2020年)》，人民出版社2014年版，第36页。

与大城市密切联系，疏解大城市的功能，积极适应大城市产业升级换代的需要，容纳和接受劳动密集型企业以及大量过剩人口，同时在大城市的辐射、拉动下，小城镇获得发展动力。《规划》还提出了激励机制，“对吸纳人口多、经济实力强的镇，可赋予同人口和经济规模相适应的管理权。”[①]这意味着，未来几年很多县城将改为城市，那些资源环境承载能力较强、区位优势明显，有较强人口凝聚力的城镇，将迎来新发展机遇。

总的来说，如果“两横三纵”城市群的资源聚集效应能得到充分发挥，我国未来的新型城镇化就会呈现出“三个圈层”格局：第一圈层是重点城市群中的核心城市以及城乡接合部，它的人口聚集和城市综合承载力将增强；第二圈层是重点城市群以外的城市和城镇，它的人口也会增多，但是不如第一圈层的规模；第三圈层是广大农村地区，大量劳动力外流，人口规模逐渐下降，“空心村”、留守妇女和留守儿童现象普遍。

2. 钱从哪里来

改革开放之初，因为分税制改革，地方政府财政困难，城镇化建设资金匮乏。据当时深圳市委书记李灏回忆，霍英东对他说：“你们有土地，怎么会没有钱？钱可以从土地中来！”[②]一语惊醒梦中人，1987 年底深圳公开拍卖土地使用权。自那以后，我国城镇化的主要资金源于土地财政，即依靠土地出让收入和以土地抵押融资进行城镇化建设。

《规划》提出：“加快财税体制和投融资机制改革，创新金融服务，放开市场准入，逐步建立多元化、可持续的城镇化资金保障机制。”[③]具体有以下做法：一是政府以发行债券作为城镇化融资的主渠道。《规划》提出，允许地方政府以发行市政债券的方式，为城镇化融资。这意味着，在有关法律法规和地方政府债务管理制度完善以后，地方政府有望发行债券融资。二是完善地方税体系，培育地方主体税种。改革房产税、资源税的范围被扩展，凡是占用自然空间的企业、法人、个人，都需要向地方政府缴税。这意味着以后地方政府有三种主体税种：房产税、资源税和环境保护税。以后地方政府税收额将剧增，为城镇化提供充足的资金来源。三是放宽准入，允许社会资本参与城市公用设施投资，鼓励保险基金、公共基金参

---

① 《国家新型城镇化规划（2014—2020 年）》，人民出版社 2014 年版，第 38 页。

② 武廷海等：《空间共享》，商务印书馆 2014 年 1 月版，第 79—80 页。

③ 《国家新型城镇化规划（2014—2020 年）》，人民出版社 2014 年版，第 74 页。

与城市基础设施建设项目。为了破解地方政府的融资困境,财政部正力推“公私合伙制”,即PPP模式,它将成为未来私人资本投资新型城镇化的主要渠道。

3. 土地怎么用

长期以来,政府依靠“土地财政”的办法推进城镇化,使得建设用地使用方式粗放和低效,引发了一些公平和正义问题。《规划》提出创新土地管理制度,按照“管住总量、严控增量、盘活存量”的原则使用土地,通过三个“一块”的方法使用土地,满足城镇化对土地的需求。

一是通过调控机制,增加部分城镇的“一块”城市建设用地。中央政府实行“人地挂钩”政策,把城镇的用地规模与吸纳农业转移人口的数量结合起来,那些吸纳人口多的城镇,可以上调用地指标,反之,则降低用地数量。另外,中央政府通过控制城市群中核心城市的用地规模,适当增加卫星城市和中小城市的用地指标,使不同城市的用地指标处于动态平衡状态。

二是从农村建设用地中增加“一块”。在符合城镇规划和土地用途管制的情况下,允许农村建设用地进入市场,与国有土地同权同价。建立和完善农村产权流转交易市场,让土地产权流转交易依法进行,达到公开、公正和规范。

三是提高土地使用效率,通过节约增加“一块”。由于我国工业用地比例过高,《规划》提出要提高工业项目的容积率和产出率门槛,节约用地。对于城市低效率用地实施再开发激励机制,盘活现有城市存量建设用地,通过开发和改造老城区、旧厂房、城中村、棚户区等方式,提高城市空间的利用效率,可以节约一大块土地。

4. 怎样建设新城市

针对城市空间粗放式开发和“城市病”频发的状况,新型城镇化主要采取提高密度、功能混用、公交导向的方式,推进城市建设。我国城市人口密度不高,人均建设用地远高于其他国家。据国土资源部数据显示,目前我国城市人均建设用地是130多平方米,而发达国家是82.4平方米,发展中国家是83.3平方米,远高于发达国家和发展中国家的水平。[①]《规划》规定,到2020年人均城市建设用地严格控制在100平方米以下。

具体来说,《规划》中提出了两种城市建设的方式、方法,旨在提高城市的综合承载力。一是调整产业结构,大力发展以服务业为核心的第三产业,引导餐饮、住

① 转引自杨伟:《新型城镇化,“新”在何处》,载《金融博览(财富)》,2014年第4期。

宿、售后等服务业在中心城市和工业密集区集聚,推动大城市形成以服务经济为主的产业结构,最大限度地吸纳就业。二是优化城市空间结构,提高城市土地使用效率。《规划》提出大城市中心城区的部分功能,比如生产功能、政治功能、文化功能要有卫星城市分担,强化中心城区的现代化功能,诸如信息功能、高端服务功能、现代商贸功能等,优化城市空间结构,实施城市“棚户区改造行动计划”,如表2－6所示。

表2－6　棚户区改造行动计划①

01	城市棚户区改造 加快推进集中成片城市棚户区改造,逐步将其他棚户区、城中村改造统一纳入棚户区改造范围,到2020年基本完成城市棚户区改造任务。
02	国有工矿棚户区改造 将位于城市规划区内的国有工矿棚户区统一纳入城市棚户区改造范围,按照属地原则将铁路、钢铁、有色、黄金等行业棚户区纳入各地棚户区改造规划组织实施。
03	国有林区棚户区改造 加快改造国有林区棚户区和国有林场危旧房,将国有林区(场)外其他林业基层单位符合条件的住房困难人员纳入当地城镇住房保障体系。
04	国有垦区危房改造 加快改造国有垦区危房,将国有垦区农场危房改造统一纳入垦区危房改造中央补助支持范围。

5. 怎样建设社会主义新农村

《规划》提出,按照遵循自然规律和城乡差异化发展原则,建设美丽乡村,即农民幸福生活的家园。具体措施有:一是提升乡镇村庄规划管理水平,按照整治空心村、保护特色村、发展中心村的基本要求,尊重农民意愿,科学规划住宅和居民点建设,保持乡村文化特色和民族特色,保护有历史文化价值的传统村落,禁止强行让农民住楼的做法。

二是加强农村基础设施和服务网络建设。政府采取集中供水、分散供水、城市供水网络向农村覆盖等方式,保证农村饮用水安全。政府实施农村电网改造升

① 《国家新型城镇化规划(2014—2020年)》,人民出版社2014年3月版,第45页。

级工程，确保城乡用电同网同价。加强各种现代网络工程建设，比如乡村旅游服务网络、宽带网络、公路网络等工程，做到行政村通班车。整治村庄环境，禁止城市工业污染扩散到农村。

三是加快农村社会事业发展。政府积极推进农村的教育、医疗、文化事业发展，积极发展学前教育，对义务教育学校实施标准化建设，加强农村师资队伍建设，建立和完善农民职业化教育和培训网络。改善农村看病难的问题，建设农村三级医疗服务网络，即以县医院为龙头、乡镇医院为中介、村卫生室为基础的医疗网络，让农民享受安全廉价的医疗服务。丰富农村的文化生活，建设一批图书馆、阅览室、乒乓球室、体育场等文化体育设施。政府扩大农村低保的覆盖面，形成社会关爱服务体系，关爱农村留守妇女、儿童、老人。

第三章

人文城市

空间、场所的灵魂是文化,《国家新型城镇化规划(2014—2020年)》提出了建设人文城市的目标。《规划》提出:发掘城市文化资源,强化文化传承创新,把城市建设成为历史底蕴厚重、时代特色鲜明的人文魅力空间;要注重在旧城改造中保护历史文化遗产、民族文化风格和传统风貌;注重在新城新区建设中融入传统文化元素、保存城市文化记忆;积极培育和践行社会主义核心价值观;鼓励城市文化多样化发展。[①] 这需要我们认真研究人文城市的内涵及其发展、演变逻辑,以便我们遵循其发展规律,建设有中国特色的人文城市。

一、什么是人文城市

城市的本质是文化,让人们乐意长期居留的城市是人文城市,正如亚里士多德所说:"人们为了活着,聚集于城市;为了更好地生活,居留于城市。"[②]关于人文城市的内涵,学术界从不同角度,提出了很多有启示价值和意义的观点。刘士林认为,人文城市是一种以文化资源和文化资本为主要生产资料、以服务经济和文化产业为主要生产方式、以人的知识、智慧、想象力、创造力为主体条件、以提升人的生活质量和推动个体全面发展为社会发展目标的城市理念、形态与模式。[③] 李积权认为,人文城市是指城市建设的一切活动应以人为本,在人文精神的指导下,强化生活在城市中的全本居民的主体意识,从主体自身需求出发,对城市的客体

① 《国家新型城镇化规划》(2014—2020年),人民出版社2014年,第57-58页。

② 刘士林:《为什么要"注重人文城市建设"》,载《光明日报》,2014年5月19日。

③ 参见刘士林:《为什么要"注重人文城市建设"》,载《光明日报》,2014年5月19日。

进行把握,并赋予以客体以主体——人的属性,使城市真正成为人的生活世界。① 余文华认为,人文城市充分体现了人文精神,具有独特的人文风格。人文精神是人文城市建设的内容,人文风格是人文精神的外在形态。现代人文精神表现为维护和关怀人的价值、尊严和命运,珍视人类的精神文化遗产,尊重自然界的内在规律,高度肯定人的全面发展和高尚的人格。人文城市的基本条件是:(1)人是城市的中心。城市空间的构建、功能的设计要以人的生存、发展、需求为依据,体现人性化;(2)尊重历史、尊重传统。城市的发展不是"破旧立新",是传承,是"新"与"旧"共存;(3)良好的人文素养是城市的标志。城市的发展必须注重人的发展,人的素养和品质是城市素养和品质的基础;(4)人与自然的友好。② 俞吾金认为,人文城市的灵魂是城市精神。他根据冯友兰的四境界说界定城市精神。冯友兰将人生划分为四大境界的思想是极其深刻的:自然境界、功利境界、道德境界和天地境界。其中第一、二境界是文化生活的操作性层面,第三、四境界是文化生活的超越性层面。谈论人文城市不能仅停留在文化的操作层面上,必须深入到更有深度的超越性层面。正因为如此,当今人文城市建设存在误区,即更多地聚焦于低层次的文化操作性层面,而忽视了文化的超越性层面。③ 总之,人文城市推崇集体本位,强调对人宽厚仁爱,对己修身养性、对事贵和尚中,对物勤俭节用等,其功能不只是提供有关道德、正义、人生价值、历史经验等智慧的结晶,更重要的是开启人的悟性,激励人的意志,维护身心健康,规范人的行为,协调人际关系和天人关系。它揭示了城市发展的正确指导思想:一方面要以人为本,尊重人的价值、尊严、利益和需要,另一方面尊重一切"物"的存在的依据和发展权利。

从空间生产理论上看,人文城市就是用文化生产和创造城市的日常生活空间,使其有文化特色、文化内涵,既能让人们阅读,又能成为人们"诗意地栖居"的物质和精神家园。日常生活空间包含"日常生活"和"空间"两个概念。日常生活是指人们每天都重复进行的、带有一定地域文化特色的生活,比如日常交往、衣食住行、婚丧嫁娶、休闲娱乐、购物消费等活动。哲学家科西克认为,日常生活是人们自然的、无意识的活动,具有明显的重复性,"人们曾经或者正在过着他们的日

① 参见李积权:《回归生活世界与人文关怀的城市设计》,载《现代城市研究》,2006 年第 12 期。

② 参见余文华等:《人文城市:城市的发展目标——基于南京城市的发展》,载《改革与发展》,2010 年第 6 期。

③ 参见俞吾金:《上海城市精神探讨之我见》,载《探索与争鸣》,2003 年第 4 期。

常生活,它如同一种自然的氛围,但是人们从未认真地思考过日常生活的含义是什么,只有当灾难闯入其中,打断了日常生活的连续性,人们才猛然意识到它的存在和价值"[①]。法国日常生活批判家亨利·列斐伏尔认为:"日常生活是由重复组成的";"日常生活是生计、服装、家具、家人、邻里、环境,如果你乐意,可以称之为物质文化"[②];"日常生活恒常存在,并充满着价值、礼仪、习俗与传说"。[③] 日常生活因其平淡、平庸、陈腐,长期以来很少引起人们的理性关注,直到1947年亨利·列斐伏尔出版《日常生活批判》一书,才开启了思想史上的"日常生活转向"。此后,学术界开始热议日常生活,学者们期望从现代性日常生活的平庸、陈腐中发现它的神奇之处,试图通过将日常生活艺术化这一独特路径,消除微观生活领域中那些控制、束缚人的知识权力,从而实现人类的自由和解放。

日常生活不是孤立抽象的存在物,而是具体的、现实的,存在于一定的时间和空间中。所谓空间,是指人们生产或创造的各种场所,亨利·列斐伏尔说:"空间是指人们在社会中的位置和活动场所。"[④]城市日常生活空间是承载城市人日常生活的各种场所,比如居住场所、休闲娱乐场所、消费场所等。在古代,城市日常生活空间的中心是神庙、寺院、道观等宗教场所,现代人则以居住场所为中心。各种场所的意义依靠在其中发生的日常活动而生成,又因发生的日常活动不同而呈现出多样性特征。经过长期的积累演变,场所会产生一些相对稳定的使用方式和结构形态,这个过程即场所的仪式化。在一些历史文化城市中,人们将文化理念、宗教信仰融入日常起居活动、住房建设中,使之具有特定的行为特征和建筑样式,实现了居住场所的仪式化,使之升华为有着丰富历史和民俗文化内涵的文化景观。

张天新、山村高淑采用建筑场所论的概念,将丽江古城的日常生活空间划分为象征场所、生活场所和道路场所三部分。古城外围的玉龙雪山和金沙江以及东巴教的圣地白水台和佛教的玉峰寺等,具有神话与宗教的象征意义,属于象征场所。生活在丽江古城的纳西族人信仰东巴教,这是一种原始宗教,没有固定的宗教场所,不修建寺庙,森林、雪山、河流、泉水等被当作神的载体而倍受崇拜。这些场所分布在城市外围,是东巴人的精神寄托,充满着神圣精神世界的文化氛围。

---

① Karel Kosik, *Dialectics of the Concrete*, D. Reidel Publishing Company, 1976, p. 44.

② Henri Lefebvre, *Everyday Life in the Modern World*, Trans. by Sacha Rabinovitch, London, 1971, p. 21.

③ 刘怀玉:《现代性的平庸与神奇》,中央编译出版社2006年版,第40页。

④ Henri Lefebvre, *The Production of Space*, Blackwell Publishing, 1991, pp. 182 - 183.

神话和艺术把城外的象征领域与城内的生活世界联系起来。在纳西族的诗歌、绘画、神话故事、经书、象形文字中，玉龙雪山、狮子山、黑龙潭等成为反复出现的主题，它们是纳西族空间理念的符号和神灵的象征。在东巴经书中，玉龙雪山是“三多神”（纳西族的最高保护神）的化身，是年轻人憧憬的爱情王国，这已经渗透进居民的潜意识中。生活场所包括庆典中心、商业中心和政治中心等公共活动场所，以及住宅、庭院、水井等生活起居场所。道路场所由两个放射状的系统组成，一是从玉龙分水处进入城区的东河、中河、西河等三条水路，二是从四方街向四周延伸的五一街、新华街、七一街、光义巷、新文巷和新华街黄山上段等六条街巷，它们将象征场所、生活场所串联在一起，再加上独特的本地文化，组成了一个自然景观秀丽、文化景观独特的丽江人文古城（如图 3－1 所示）。

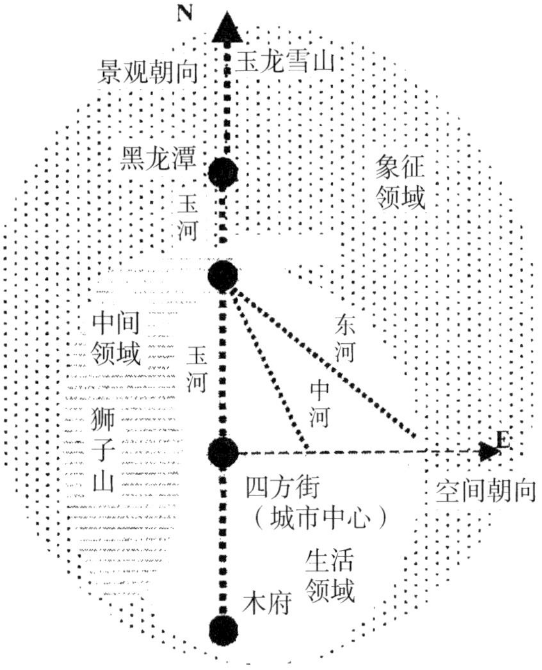

图 3－1　丽江古城的日常生活空间结构①

城市日常生活空间是人们最熟悉的，然而熟知并非真知，最熟悉的事物往往

① 张天新、山村高淑：《丽江古城的日常生活空间结构解析》，载《北京大学学报》（自然科学版），2003 年第 4 期。

是被人们久久地遗忘的。日常生活空间之所以晦暗不明,是因为它长期被两种错误的认识论,即“现实幻象”和“透明幻象”所遮蔽。“现实幻象”是一种物质拜物教,喜欢物质现实,把空间当作冷冰冰的、物质的东西,认为空间是由空气、阳光、土地、水、钢筋、混凝土等物质组成的场所,与精神、文化无关,是人们日常生活的背景、容器。“透明幻象”则是精神拜物教,认为空间纯粹是精神性的,与物质无关,是一种由语言、符号构成的精神或文本空间。符号学家巴特就是“透明幻象”的代表人物,他说:“宽泛地讲,文化文本是一种空间,各种符号在其中交织在一起,创造了一个不可拆分的意义集合体。文本并不像一部著作占据图书馆的书架那样占据空间,但是,它却是生产行为和意指行为发生的场所。”[①]从本质上看,“现实幻象”与机械唯物主义血脉相连,“透明幻象”同唯心主义密切相关,“二者就像两艘全副武装的战舰那样伺机消灭对方”[②]。城市日常生活空间既非“透明幻象”的精神、文化空间,也非“现实幻象”的物质空间,而是兼具二者,它以物质为质料,以精神、文化为灵魂,既是精神、文化空间,又是物质空间,既是真实的,又是想象的,是一种亦真亦幻的生活场所,美国后现代地理学家爱德华·索亚称之为“第三空间”。亨利·列斐伏尔认为日常生活空间不是冷冰冰的物质,而是鲜活的生命体:“它是有生命的,会说话,拥有一个富有感情的核心或者说中心:自我、床、卧室、寓所、房屋;或者,广场、教堂、墓地。”[③]在马克思看来,无论动物,还是人类都生产自己的生活空间,动物依靠本能筑巢、造穴,而人类在生产日常生活空间时,将自己的审美、情感、价值观念等融进生活空间中,“动物只是按照它所属的那个种的尺度和需要来进行构造,而人却懂得按照任何一个种的尺度来进行生产,并且懂得处处都把固有的尺度运用于对象;因此,人也按照美的规律来构造”。[④]可见,人文城市的日常生活空间是人们创造或者生产出来的,以自然资源为原料,以精神、文化为灵魂的生活场所,是人化自然界的重要组成部分。

---

① 〔澳〕德波拉·史蒂文森:《城市与城市文化》,李东航译,北京大学出版社 2015 年版,第 74 页。

② Henri Lefebvre, *The Production of Space*, Blackwell Publishing, 1991, p. 30.

③ Henri Lefebvre, *The Production of Space*, Blackwell Publishing, 1991, p. 42.

④ 《马克思恩格斯文集》第 1 卷,人民出版社 2009 年版,第 162 – 163 页。

二、为什么要建设人文城市

辩证法既是认识论又是逻辑学,三个概念表达的是同一个东西。任何事物的发展都遵循着正、反、合或者肯定、否定、否定之否定的辩证发展逻辑。不言而喻,城市日常生活空间也经历着一个“原初状态”“异化状态”“复归状态”的辩证历史过程。在私有制产生以前,劳动处于非异化状态,作为劳动产品的古代城市日常生活空间,是人们创造的、处于原初状态的带有文化和美学意义作品。亚里士多德在《政治学》中描述了雅典城邦的状况:家庭、德尔菲神庙、奥林匹克运动场、战神山议事会等场所组成了“闲暇公民”的日常生活空间;公民的日常生活涵盖管理家政、参与政治、锻炼身体以及用高雅音乐净化灵魂等活动;任何事物都有目的,城邦和公民的目标是追求善,善分为三类,即“外在诸善”(物质财富)、“身体中的诸善”(健康)和“灵魂中的诸善”(高尚品德),其中“灵魂中的诸善”最为重要,是至善;城邦的日常生活空间排斥齐一性,追求差异和美,亚里士多德说:“一个一味企求齐一性的城邦将不是一个城邦,或者虽然是城邦,却差不多是不算城邦的劣等城邦,就像有人把和声弄成同音或把节奏弄成单拍一样。”①在亚里士多德那里,城邦日常生活空间的目的应是理性的至善,而尼采笔下的古希腊节日空间则讴歌了感性冲动和激情,即节日空间是一个“酒神精神”的生活世界,诠释了人何以是“激情的存在物”。在节日里,人们身着盛装,吃精美食物,豪饮美酒,载歌载舞,宣泄内心深处的本能冲动,忘却了尘世的等级秩序、道德法律,进入了一个精神汹涌澎湃、激情奔放的狂热和沉醉的世界,获得了短时间的自由和解放,即“节日瞬间”解放。②即使到了中世纪,城市日常空间受金钱污染较少,依然是一个能被人视、听、嗅、触的感性生活世界。刘易斯·芒福德描述了中世纪城市日常生活空间的田园景象:“早晨你醒来会听到公鸡啼鸣报晓,屋檐下巢穴里小鸟在啁啾,或者修道院里每个时辰传出的钟鸣,或者是城市广场上钟楼发出的钟声。人们随意哼唱起歌曲,有修道士发出的单调的咏唱,也有街面上市场里民歌手们吟咏的

---

① 《亚里士多德选集》(政治学卷),颜一译,中国人民大学出版社1999年版,第41页。

② Henri Lefebvre, *Critique of Everyday Life*, Volume Ⅰ, Verso, 1991, pp. 201-202.

歌词的回荡和声……还有学徒工和女佣边工作边唱出的小曲。”①

私有制与异化劳动互为因果，异化劳动是以追求利润为目标，即“以物为核心”的劳动活动。在劳动中，商品和金钱支配人的命运，工人被降至工具和动物的层面，由此产生了人道主义灾难。资本主义异化劳动生产的是异化的、非人道的日常生活空间。恩格斯在《英国工人阶级状况》中，描述了伦敦工人的日常生活空间状况：“这是一堆乱七八糟的三四层的高房子，街道狭窄、弯曲、肮脏。在这里，买卖是在街上做的；一筐筐的蔬菜和水果（所有这些东西不用说都是质量很差的，而且几乎是不能吃的）把路也塞住了，所有这些，像肉店一样发出一股难闻的气味。房子从地下室到阁楼都塞满了人，而且里里外外都很脏，看来没有一个人会愿意住在这里。”②恩格斯认为，资本主义社会并不缺乏住房，数量众多的住房被资本家私人占有、控制并用以赚取房租。工人阶级唯有推翻资产阶级的统治，剥夺资本家的多余房产及其他私有财产，实行生产资料公有制，变异化劳动为“自由的自觉的活动”，才能建成宜居的日常生活空间。③ 列宁曾经预言帝国主义是腐朽的、垂死的资本主义，但是亨利·列斐伏尔认为，晚期资本主义是侥幸存活、垂而不死的，其秘密在于：晚期资本主义利用“空间生产方式”，赚取了高额利润，极大地拓展了生存空间，“资本主义发现自己有能力淡化（而不是解决）自己一个世纪以来的内部各种矛盾。因此，自《资本论》写作完成以来的一百年中，资本主义已成功地取得了‘发展’。我们无法估算其代价，但是我们的确知道其手段：‘占有空间，并生产出一种空间’”④。

晚期资本主义的主要生产方式，已经从“空间中的生产”转变为“空间的生产”。“空间中的生产”是指在工厂中生产、榨取剩余价值的传统生产方式，而“空间的生产”是把空间作为主要产品形式并用以榨取剩余价值的现代生产方式。在晚期资本主义社会，房屋、道路、广场等空间形式都变成了剩余价值的载体，空间变成了一个血腥的战场。亨利·列斐伏尔说：“空间作为一个整体，进入了现代资本主义的生产方式：它被用来生产剩余价值。土地、地底、空中，甚至光线，都被纳

---

① 〔美〕刘易斯·芒福德：《城市文化》，宋俊岭等译，中国建筑工业出版社 2009 年版，第 56 页。

② 《马克思恩格斯全集》第 2 卷，人民出版社 1965 年版，第 307 页。

③ 潘可礼：《论城市日常生活空间的生产和创造》，载《学海》，2016 年第 4 期。

④ Edward W. Soja, *Postmodern Geographies: The Reassertion of Space in Critical Social Theory*, Verso, 1989, p. 91.

入生产力之中。都市及其交通网络、交换网络都成为生产资料。城市及其各种设施(港口、火车站等)都变成了资本的一部分。"[①]在以追逐利润、以物为核心的空间生产逻辑支配下,资本主义社会的日常生活空间被异化为抽象空间,它是令人厌烦的、冰冷的、单调乏味的生活世界,有如下主要特点:一是均质化、齐一化。因为空间是商品,为了便于交换,人们将道路、桥梁、住房、小区、广场等空间形式,按照相同的型号、规格、样式、规模、质量等进行生产,使得日常生活空间千篇一律、单调无奇、意义零度化。二是暴力化。洛杉矶城市生活空间中带有很多"内部设计的威慑",以便不让流浪人员长时间聚集。比如公园里的长凳被做成桶状的或者尖状的,使人们不能睡在上面,甚至不能舒适地坐在上面;公园里的喷洒系统整个晚上四处喷洒、弄湿地面,不适于流浪者过夜;饭店把垃圾桶用"经过装饰的围栏"保护起来,垃圾箱顶部装上尖状物或者金属片,以防止拾荒者靠近;街道上厕所稀少,使得洛杉矶的日常生活空间变成了"施虐的环境"。[②]三是恐怖化。日常生活空间中弥漫着知识权力,形成了一种"润物细无声"的权力规训氛围,再加上生动活泼的乡土文化、本地文化的匮乏,让人们失去了赖以栖息的精神家园。海德格尔认为,处于"不在家状态"人们的心理特征是"畏","畏"不同于"怕","怕"有对象,"畏"是一种没有对象的、心灵深处的恐怖情绪。[③] 四是危机化。生产力与生产关系、经济基础与上层建筑之间的矛盾是支配人类社会发展的基本矛盾。在空间生产时代,资本主义生产资料私有制与社会化大生产之间的矛盾,演变为空间资源私有制与空间生产无限扩大化趋势之间的矛盾:一方面大量的空间产品,尤其是商品房相对过剩;另一方面是劳动人民的购买力相对缩小,很多人买不起房子,依靠租房生活或者蜗居在狭小空间中,一些人甚至无家可归。当这一矛盾尖锐化的时候,就会爆发新型的经济危机,即"空间危机"或者"房地产危机"。

马克思和恩格斯认为,消除异化现象的根本途径是通过暴力革命夺取政权,建立社会主义和共产主义社会。这一思想影响了很多人,比如刘易斯·芒福德认为,要科学规划城市日常生活空间,必须实行土地公有制,因为"公共所有权和使用权的分离能确保规划可以做最灵活机动的调整,而不会出现无人行使所有权和

---

① J. W. Freiberg, *Critical Sociology: European Perspectives*, Ivington, 1979, p. 287.

② Edward W. Soja, *Postmodern Geographies: The Reassertion of Space in Critical Social Theory*, Verso, 1989, p. 505.

③ 刘放桐:《新编现代西方哲学》,人民出版社 2000 年版,第 347 页。

无人进行管理的糟糕状况”[①]。威廉·莫里斯倡导新建筑运动,主张把人性化、福利和服务事业等社会主义因素融入城市日常生活空间的建设中。[②] 亨利·列斐伏尔认为,长期以来人们误解了马克思主义的异化劳动理论,总是把社会主义、共产主义革命理解为实现国家政权更迭、生产资料公有制以及有计划地组织生产活动。实际上,这并不是严格意义上的马克思主义革命理论,充其量不过是一种关于“经济增长的意识形态”。[③] 任何现代性制度的重建都会加重日常生活空间的异化,特别是国家政治权力的异化。社会关系不是孤立、抽象的存在物,它以日常空间为载体。一个国家,如果没有自己文化特色的日常生活空间,就是一种奇怪的抽象物,它不具有存在的合理性。马克思主义革命理论的本真含义涵盖政治革命、经济革命、日常生活空间革命“三位一体”,是一种总体性革命:政治上,无产阶级夺取政权,建立社会主义制度;经济上,实行生产资料公有制;空间生产上,创造社会主义的差异空间。只有用社会主义的新艺术、新道德、新文化、新价值观念,才能创造出社会主义的差异空间和美学空间。亨利·列斐伏尔说:“如果未曾创造出一个合适的空间,那么‘改变生活方式’‘改变社会’等口号就毫无意义。”[④]在达达主义的影响下,亨利·列斐伏尔提出的日常生活空间重建目标是:“让日常生活成为艺术品!”[⑤]创造出“人类存在的空间!”[⑥]

改革开放以来,我国城市领域的“空间生产”进程明显加快,日常生活空间的规模迅速扩展,成就巨大。2015 年,我国城镇化率达到 56.1%,城市日常空间容纳了 7.7 亿常住人口。[⑦] 虽然我国是社会主义国家,实行生产资料、空间资源公有制,但是在城市空间生产方面,遵循着市场在资源配置中的“决定作用”法则,把空间当作商品来生产,重视空间产品的交换价值,而在一定程度上忽略了它的使用价值、文化内涵和美学特征,以至于把住房、桥梁、影剧院、公园、博物馆、科技馆、体育场、高速路等场所都变成了利润的载体。当前,我国在城市建设中积累了一

---

① 〔美〕刘易斯·芒福德:《城市文化》,宋俊岭等译,中国建筑工业出版社 2009 年版,第 368 页。

② 〔美〕刘易斯·芒福德:《城市文化》,宋俊岭等译,中国建筑工业出版社 2009 年版,第 441 页。

③ 参见 Henri Lefebvre, the Production of Space, Blackwell Publishing, 1991, p. 422。

④ J. W. Freiberg, *Critical Sociology: European Perspectives*, Ivington, 1979, p. 285.

⑤ Henri Lefebvre, *Everyday Life in the Modern World*, Transaction Publishers, 2003, p. 204.

⑥ Henri Lefebvre, *The Production of Space*, Blackwell Publishing, 1991, p. 422.

⑦ 《去年全国常住人口达到 7.7 亿》,载《北京青年报》,2016 年 1 月 30 日。

些问题。

一是城市日常生活空间趋同化。当前各个城市的日常生活空间大同小异，由宽阔的街道、拥挤的人群、堵塞的车流、高层建筑、罗马柱大广场、立交桥、商业区、广告招牌、霓虹灯等场所构成的日常生活空间。一方面，空间场所特征趋同，地域文化消失，弱化了人们的空间感知和记忆，使得置身其中的一些人缺乏方向感、认同感和归属感；另一方面，城市土地寸土寸金，使得图书馆、青少年宫、体育场、博物馆、公园等基本文化设施缺乏，并且多是有偿使用。初来城市的一些农民工本来文化程度就不高，如果再缺乏文化氛围，他们在城市中就会处于一种既没有物质家园，也没有精神家园的状态，难以融入城市。

二是城市日常生活空间碎片化。有些城市建设崇尚功能主义，在旧城改造中破坏了文化的整体景观，比如南京民国时期建设的中国城市史上首条贯穿市区的三块板道路，道路两侧种植了六排悬铃木行道树，曾经树荫夹道，如同绿色隧道，遮天蔽日，文化风格浑厚，成为南京的特色景观。1977 年，为拓宽道路，市政府砍伐了 3000 多颗高大成荫的树木，破坏了城市文化生态景观。[①] 另外，纵横交错的道路肢解了城市空间，切断了社区、邻里、公共场所之间的联系，一些城市盛行门禁社区，进一步摧毁了日常生活空间的连续性，不仅让城市交通堵塞越来越严重，而且使得城市日常生活迥异于农村的熟人社会，令人感到压抑、失落和孤独。

三是城市日常生活空间污染加重。城市日常生活空间一方面是物质上的污染，如雾霾、噪声、扬尘、汽车尾气等，直接威胁到人们的生存。另一方面，城市日常生活空间的语言、精神污染，如各种低俗的“车屁股文化”等。作为思维的物质外壳，语言是文化的载体，一句文明的语言，让人感到春天般的温暖。语言污染，淡化了城市的人文精神、人文气息，让城市变得低俗不堪，影响社会主义核心价值观的弘扬以及人文城市建设的推进。

四是房地产商品相对过剩，“空间危机”初露端倪。房子关系民生，其主要功能是用于居住的产品，而不是用以赚取利润的产品。我国自 1998 年商品房改革以来，原来设想的以经济适用房为主体的供应结构没有实现，由房地产开发商提供商品房的模式取而代之，有效地解决了城市住房紧张问题，拉动了我国经济的增长，但是当前也出现了房地产商品相对过剩的状况。有资料显示，2015 年 10

① 姚亦锋：《论南京自然地形与古都风貌保护规划》，载《长江流域资源与环境》，2002 年第 2 期。

月,全国商品房待售面积 68632 万平方米,按照人均住房面积 30 平方米计算,"空置"的住房可供 2.2 亿人口居住。① 一方面很多人没有房子住,蜗居在狭小空间中,另一方面房子大量卖不出去,而且价格持续上涨,严重背离了价值规律。因为根据价值规律,商品的价格围绕价值杠杆上下波动,商品供不应求时,价格上涨;供过于求时,价格下跌。如果高品房在大量剩余的情况下,价格反上涨,就会让房子价格严重偏高实际价值。

三、建设人文城市的方法和路径

《国家新型城镇化规划(2014—2020 年)》提出了建设人文城市的目标。《规划》提出:要注重在旧城改造中保护历史文化遗产、民族文化风格和传统风貌,把城市的功能提升与保护文化文物结合起来;注重在新城新区建设中融入传统文化元素,将其与旧城的自然人文特征协调起来;保护历史文化名城、民族风情小镇、文化街区和文化生态,传承优秀传统文化,保存城市文化记忆;积极培育和践行社会主义核心价值观,完善文化生产和服务体系;鼓励城市文化多样化发展,将传统文化与现代文化、本土文化融会,形成多元开放的城市文化。② 文化是一个系统,具有层次性。

(一)建设城市基本文化设施,注重其使用价值而不是交换价值

这里的文化设施是广义的,涵盖《国家新型城镇化规划(2014—2020 年)》提出的"人文城市建设重点":文化和自然遗产保护;基本文化设施建设;体育设施和休闲设施建设;公共设施免费开放等内容(如表 3 – 1 所示)。表 3 – 1 中 01 项中的核心动词是"保护""建设",而没有"生产",意味着人文城市的空间场所是作品、艺术品,而不是被批量生产出来的、以交换为目标的产品。在亨利 · 列斐伏尔等西方马克思主义学者的"空间的生产"理论中,"生产"概念有特定含义,区别于"创造"和"建设"。"生产"是指人们利用现代化生产方式,一味地向自然界索取

---

① 邢飞:《空置住房可供 2.2 亿人住,去库存政策迎窗口期》,载《京华时报》,2015 年 11 月 20 日。

② 《国家新型城镇化规划(2014—2020 年)》,人民出版社 2014 年版,第 57—58 页。

物质财富,以追逐利润为核心目标,即“以物为核心”的实践活动。在“空间的生产”过程中,主体与客体是二元对立的关系,主体支配客体,客体服从于主体,“空间的生产”结果是各种齐一化的、易于相互交换的空间商品。“创造”“建设”意味着主体“保护”“守护”客体,即通过保护文化和自然遗产,将日常生活空间建设成带有美学意义的作品、艺术品。在“空间的创造”或者“空间的建设”过程中,主体按照客体的内在规律、地域特色、文化特性等构建各种空间场所,不是为了获取场所的交换价值,而是获取使用价值,以免过分耗费自然资源,导致生态环境问题。表3-1中05项显示,“逐步免费开放”公共图书馆、文化馆(站)、博物馆、美术馆、纪念馆、科技馆、青少年宫和公益性城市公园等空间场所,贯彻的就是使用价值高于交换价值、“以人为中心”的理念。

表3-1 人文城市建设重点①

01	文化和自然遗产保护 加强国家重大文化和自然遗产地、国家考古遗址公园、全国重点文物保护单位、历史文化名城名镇名村保护设施建设,加强城市重要历史建筑和历史文化街区保护,推进非物质文化遗产保护利用设施建设。
02	基本文化设施 建设城市公共图书馆、文化馆、博物馆、美术馆等文化设施,每个社区配套建设文化活动设施,发展中小城市影剧院。
03	体育设施 建设城市体育场(馆)和群众性户外体育健身场地,每个社区有便捷实用的体育健身设施。
04	休闲设施 建设城市生态休闲公园、文化休闲街区、休闲步道、城郊休憩带。
05	公共设施免费开放 逐步免费开放公共图书馆、文化馆(站)、博物馆、美术馆、纪念馆、科技馆、青少年宫和公益性城市公园。

(二)保护历史文化名城、名镇、名村,注重其文物价值而非使用价值或者交换价值

我国是文明古国,物质文化资源丰富,许多城市历史久远,是古代的政治、经

① 《国家新型城镇化规划(2014—2020年)》,人民出版社2014年版,第58页。

济、文化中心,或者是近代重大历史事件的发生地,保存了大量文物古迹,承载着民族的历史记忆。2008 年 4 月 2 日国务院颁布《历史文化名城名镇名村保护条例》,规定了申报国家级历史文化名城、名镇、名村的条件:一是文物特别丰富,需要特别保护;二是有集中、成片的大面积历史建筑;三是申报城市、乡镇或者村庄,在历史上曾经是政治、经济、文化、交通中心或者军事要地,或者在这个地方发生过重大历史事件,或者能集中反映地方建筑的民族特色和文化特色。国务院分三批公布了 99 座国家历史名城,后又增补 21 座,共计 120 座国家级历史文化名城。中国历史文化名镇、名村是由国家文物局与住房和城乡建设部共同评选的,目前中国历史文化名镇共计 181 个,名村是 169 个。我国历史文化名城、镇、村的保护呈现出三大特征:一是保护对象增多,由原来的文物保护单位,扩大到历史名城、镇、村;二是保护范围扩大,由文物本体扩展至文物所在的生态环境以及历史名城、镇、村的总体格局;三是保护思路的创新,由原来的大规模旧城改造转变为对历史文化名城、镇、村的保护整治,不断注入活力,获得新的生机。

虽然我国在保护历史名城、镇、村方面成绩显著,但是在快速城镇化的条件下以及市场经济的冲击下,仍然存在着一些有待及时纠正的问题和挑战。首先,一些人片面追求城市土地的经济价值,希望通过土地拍卖、置换即“土地财政”的办法获取城市基础建设的资金,而忽略了城市的文物价值,其实从长远看来,文物带来的经济价值和社会效益,远高于土地拍卖所获取的经济价值。仇宝兴说,他在刚担任杭州市长时,有人想对河坊街进行商业开发,当时河坊街土地市值 5 亿元人民币,他制止了这一短视行为。现在河坊街的文化价值已经高达 180 亿元人民币,随着时间的推移还会增值。[①] 其次,以旅游开发代替名城保护。现代社会,旅游业已经成为一种收益巨大的产业。一到节假日等旅游旺季,一些景点就会人头攒动,让一些著名的历史文化遗迹不堪重负。从经济学角度看,交换价值的载体是使用价值,旅游业的收益、价值的实质是,游客通过门票购买了历史文化遗产的使用价值,并对其消费。另外,一些历史文化名城、镇、村,为了获取更高的经济效益,将一些历史文化区域承包给旅游公司开发,而在某些旅游公司的眼中只有金钱,没有文物保护意识,他们从事的是杀鸡取卵式、掠夺性的开发,对文化遗产造成了难以挽回的破坏。南浔是著名的江南历史文化名镇,曾经被整体承包给一家旅游开发公司。在承包前,南浔古镇的建筑古色古香,有着浓郁的传统文化和本

① 仇宝兴:《中国历史文化名城保护形势、问题及对策》,载《中国名城》,2012 年第 12 期。

土文化气息,然而旅游公司把20多栋古建筑完全拆除,建起了统一仿古样式,甚至连门窗的结构、颜色都一样的建筑,使其完全丧失了文物价值。历史文化街区是不同历史时期,不同的能工巧匠根据一定的文化建设起来的,有着深厚的文化底蕴和积淀,而不是几个月用现代建筑材料和机器制造出来的赝品所能比拟。为了迎合某位影视大师的拍摄需要,大理古城的东北角建起了一个所谓"大理之眼"的建筑,破坏了古城的整体景观。河南安阳古城,为了满足机动化通行的需要,在古城中心硬是修建了两条大道,破坏了古城的历史格局、结构,破坏了文脉的整体性(如图3－2所示)。

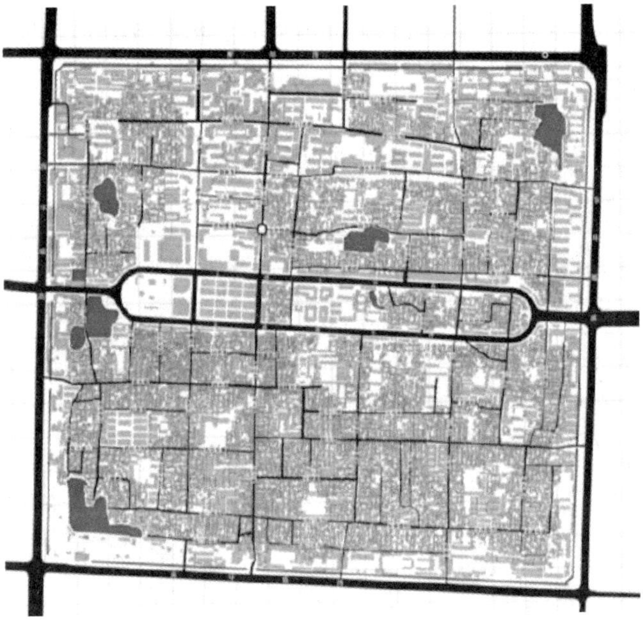

图3－2　河南安阳文峰大道破坏古城整体格局①

在新型城镇化过程中,我国必须采取积极、有效的措施,保护好祖先留给我们的珍贵文化遗产,以免使之受到难以挽回的破坏。因此,我们建议采取以下措施保护历史文化名城、镇、村。

首先,进一步完善历史文化名城保护的法律法规体系,依法保护历史文化名城、镇、村。在保护历史文化名城、镇、村方面,国务院、住房和城乡建设部以及各

① 仇宝兴:《中国历史文化名城保护形势、问题及对策》,载《中国名城》,2012年第12期。

级地方政府,已经颁布了诸多法律,形成了比较完备的法律、法规体系。《中华人民共和国城乡规划法》《中华人民共和国文物保护法》是保护历史文化名城的“母法”;2008 年国务院出台了《历史文化名城、名镇名村保护条例》;住房和城乡建设部颁布了一系列的部门规章和管理办法,比如《城市紫线管理办法》《历史文化名城名镇名村保护规划编制审批办法》《历史文化名城名镇名城保护管理办法》《关于加强对城市优秀近现代建筑规划保护工作的指导意见》《历史文化街区保护管理办法》;各地方政府也颁布了诸多地方性法规和办法(如图 3－3 所示)。

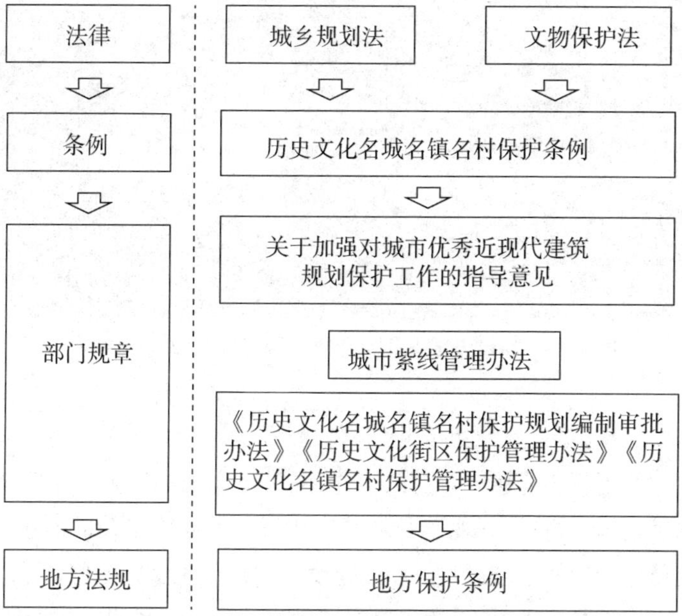

图 3－3　历史文化名城保护的法律法规体系①

这个比较完备的法律法规体系对于保护名城名镇名村,提供了法律依据。但是对于我国庞大的城市城镇村庄规模来说,这些法律法规尤其是地方性保护法规,还有待于进一步完善,真正做到有法可依、有法必依、执法必严、违法必究。

其次,保护历史文化名城名镇名村,需要政府、企业、个人等多元主体进行长期的、巨额的资金投入。

由于经历了长时间的风吹雨打,一些历史文化名城名镇名村的文化遗存被侵

① 仇宝兴:《中国历史文化名城保护形势、问题及对策》,载《中国名城》,2012 年第 12 期。

蚀、破坏严重，有些古建筑已经成为危房（如图 3 -4 所示），亟待投入资金进行房屋修缮、风貌保护、人口疏解、环境整治等。但是当前多数历史文化名城名镇名村的保护资金投入主要来源于政府财政和门票收入，存在着较大资金缺口，迫切需要建立以政府为主导、社会资本参与的多元投资体系，对文化遗产资源进行保护性开发。

图 3 -4　2012 年安阳西大街文化街区中衰败的建筑①

城市需要更新，不更新城市的建筑、街区等历史文化遗存，就会变得衰败不堪。但是城市的更新不能摒弃自身的文化，不是与原来的历史文化"一刀两断"，需要推陈出新，实施保护性开发。所谓保护性开发不同于单纯的商业性开发，实质上是通过修缮、基础设施改造等手段，建设和创造传统文化空间，而不是生产仿古建筑、制造景观，搞商业开发，也不是竭泽而渔式地消耗历史文化遗产。保护性开发就是海德格尔所说的"筑造"。海德格尔在《筑·居·思》一文中，把"筑造"分为两类：一是建设意义上的筑造，比如人们顺应先验空间的闭合与敞开规律，依照物体本身的性质而去修缮、建设寺庙、桥梁、房屋等，如此被筑造的建筑物，"修旧如旧"，依然保存着原有的历史文化底蕴，但被注入了灵魂和生命，重获新生；二是保护、保养意义上的筑造，比如种庄稼、饲养动物等，要按照植物、动物自身的生长规律，耐心地等候其自然生长，而不是依靠化肥、农药、温室大棚等手段"催生"。后来，海德格尔又在《人诗意地栖居》一文中，阐述了筑造的第三种含义，即带有诗

① 仇宝兴：《中国历史文化名城保护形势、问题及对策》，载《中国名城》，2012 年第 12 期。

意的艺术创造,"作诗,作为让栖居,乃是一种筑造"①。

在国外,让社会资本参与历史文化名城名镇名村保护性开发,已经是一种比较成熟的做法,形成了容积率转移模式、产权合作模式、非营利性基金会运作模式、资本市场融资模式等,极具借鉴和启示意义。我们知道,社会资本的本性是追逐利润,一般来说投资历史文化名城名镇名村,收益率比较低,使得一些社会资本投资积极性不高。为激发社会资本参与历史文化名城名镇名村保护性开发的积极性,一些国家和地区对于成片历史文化街区的保护性改造,采取了容积率转移的方法,即"捆绑开发"模式。所谓"捆绑开发"模式,是指一些国家和地区通过建立容积率奖励、容积率转移等制度,对参与历史文化名城名镇名村开发的企业,在其他地区给予一定建筑面积的补偿,保障企业在保护文化遗产历史风貌的同时,实现较高的资本收益。②

政府在实施该模式时,要注意三个方面问题:其一是制定严格的容积率转让标准。美国采用制定"开发信用单位"的方式制定容积率面积,企业拥有的"开发信用单位"越多,在其他地区置换的容积面积就越大,反之亦然。"开发信用单位"根据保护区的稀缺程度、难易程度、价值大小等来确定,比如严格限制开发的区域每16公顷为一个开发信用单位,湿地每32公顷为一个开发信用单位,而农用地则是每81公顷为一个开发信用单位。其二是容积率有限制,以移入区的综合承载能力为标准,设定容积率的上限。过量的容积率移入会导致移入区的城市管理失控,甚至会产生生态环境问题等。1999年我国台湾颁布"古迹容积率转移办法",规定,一般地区接受容积率转移的上限是该地区基准容积的30%,有些特殊区域比如城市更新区、城乡接合部等,放宽至50%。其三是建立移出区与移入区的利益平衡机制。一般来说,对于移出区的补偿利益要略大于所有权人就地直接开发所获得的收益,对于移入区的开发利益略大于正常开发所得利益,即实现政府、开发商、当地居民三方共赢、互利互惠。上海市在太平桥文化街区改造过程中,为了保护"新天地"地段的传统文化风貌,采用容积率外推的"捆绑开发"模式,是一个非常成功的案例。市政府将"新天地"的容积率转移至周边区域,用于开发写字楼和住宅小区。保护性开发后的"新天地",重新焕发出生机和活力,成

---

① 转引自潘可礼:《社会空间论》,中央编译出版社2013年版,第182页。

② 赵燕霞、李鹏:《社会资本参与历史文化名城保护典型模式研究——以北京为例》,载《中国名城》,2012年第3期。

为集传统文化风貌与文化休闲、现代商务与近代街区为一体的高品质街区，拉动了周边房地产价格，兼得社会资本营利和城市文化遗产保护的双赢目标。

对于产权关系错综复杂的文化街区，可以采取产权合作开发模式。由于历史的原因，一些历史文化名城的产权关系错综复杂、形式多样，比如北京旧城区的产权就特别复杂，涉及直管房、公房、系统产（教育产、宗教产、军队产）、代管产、代经产、售后公房、混合产权等，甚至同一小区的房屋产权由众多使用单位、产权单位组成。有资料统计，目前北京大约只有40%的市级以上文物保护单位对外开放，大部分被居民或者机关团体占用，多数四合院都属于多元主体。[①] 产权合作模式在我国仍处于探索阶段，这种模式特别适用于文化街区、古建筑群的整体开发，从而获得规模开发效益以及打造品牌带来的高附加值，同时，居民也可以凭借产权获取一定的经济利益。产权开发模式在实施过程中需要注意三个方面的问题：一是保护性开发项目要有比较好的营利前景和预期。古建筑或者历史文化街区通过宣传营销、特色化运营等手段以后，能够实现持续盈利，为产权所有者带来丰厚的经济收益，以便调动产权所有者参与保护性开发的积极性。二是构建规范的利益分配和协调机制。参与各方需要在房产评估、收益分红、分担房屋修缮费用、加入或者退出的条件等方面，都要作详细的规定，签订法律合同，形成制度化、法律化的利益分配和协调机制。三是由一家权威单位牵头，实施保护性开发项目。由于参与主体众多，牵头单位能确保项目实施的效率。牵头单位要么是国有大型开发公司，要么是有较强实力的大型社会企业，政府应在财政补贴、低息贷款、税收优惠等方面给予保护性开发项目一定的优惠。国内关于产权合作开发模式的成功案例，以苏州市西山镇明月湾村比较典型。当地政府为保护明月湾村的十几处明清古宅，成立了股份公司。政府以公共基础设施的建设费、房屋修缮费作为股金，房主的股金源于对古宅的估价，估价标准有文物价值、完好率等。房主在入股后搬出古宅，其产权不变，股份公司将古宅修复整治以后，以通票形式进行开放式经营。在保护性开发的前期，股份公司采用固定租赁金的方式进行保底分红，以保护私人户主的利益，后期则按股分红。另外，广东省的开平碉楼、大万世居等文化遗产的整治修复工作，都采取了产权合作模式，效果良好。

非营利性基金会运作模式，适用于历史文化名城名镇名村的景观维护或者公

① 赵燕霞、李鹏：《社会资本参与历史文化名城保护典型模式研究——以北京为例》，载《中国名城》，2012年第3期。

益类保护项目。组建非营利性基金会是国外筹集文化遗产保护的一种比较有效的方式,一些西方国家通过基金会吸收企业、社会组织和个人捐赠的基金,用于保护文化遗产项目。比如日本的艺术文化振兴基金会、英国的国家信托组织都是比较出名的文化遗产保护慈善组织。一般来说,非营利性基金会模式的成功运作,取决于四个条件:一是要有启动资金,启动基金会的运作。国外主要依靠政府投资、捐赠或者集资、借贷等方式,获得启动资金。国内可以把政府财政拨付的文化名城名镇名村专项保护基金、转让部分土地使用权的收益、旧城改造中收取的基础设施费用等,用作启动资金。二是吸引社会资本投资。政府财政只是基金会的启动资金,占总资金的一小部分,社会资本才是基金会的主要构成部分。因此,政府应该利用一些优惠政策,吸引社会资本,比如通过减免向基金会捐赠资金的个人所得税、减免向基金会注资企业的所得税、减免基金会运作项目所得税等手段。无锡市的文化遗产保护基金会,是国内非营利性基金会模式成功运作的案例。2007 年 4 月,无锡市成立文化遗产保护基金会,基金会的运作采取政府引导、民间运转的模式,首期募集资金 2480 万元。基金会将募集到的资金委托给国联信托有限公司运作,主要用于公益性的遗产保护和文化活动等项目,比如资助对于保护文化遗产有贡献的个人和企业、研究文化遗产保护的学术活动、编制地方文化遗产保护法规以及资助吴文化节等活动。另外,上海阮仪三城市遗产保护基金会、冯骥才民间文化基金会等,在调查和统计城市历史文化遗存、宣传和呼吁文化遗产保护、参与修缮古建筑、非营利性再利用城市建筑等方面,做了卓有成效的工作。

资本市场融资模式适用于大型文化遗产保护性开发项目。政府通过向社会发行债券、信托产品等手段融资,是国外对大型文化遗产开发项目的主要融资模式。政府在采用这种模式时,需要注意以下三点:一是为了调动企业或者个人投资的积极性,债券、信托产品的预期收益率要高于同期银行存款和国债。二是有政府背景的国有投资开发公司是发行债券的重要主体,因为投资开发公司的国有背景、经济实力以及政府财政的担保,能保证项目投资的安全性,减少投资者的风险顾虑。三是投资项目要有一定的预期收益,以缓解政府财政的压力。郑州市商代遗址开发项目是采用资本市场融资模式的成功案例。2005 年 4 月,郑州市政府发行“商都建设项目贷款资金信托产品”,个人可以在各个农业银行网点很方便地购买该项目的信托产品。政府委托一家专业信托投资机构,把筹集的资金贷给项目开发公司,统一用于商代遗址开发项目,取得了成功。

最后,“另起炉灶”:保护旧城区,另辟新城区。

合理的城市布局结构,对于保护历史文化名城意义重大。保护历史文化名城需要注意以下问题:旧城的整体规划格局,文物精品,地下文物,文化遗物、遗址,名胜古迹与山川自然风光,乡土文化街区等。一些著名的城市规划学家,比如梁思成、陈占祥、吴良镛等人都赞同为了保护旧城区,另辟新城区的做法。吴良镛说:“对于一些必然有较大发展的历史名城,有计划地开拓新区,是必不可少的措施,并且有可能是有利旧城保护,促使新城完整发展的较为妥善的规划结构形态之一。”①

在我国的城市规划、建设历史上,主要有两种扩展模式:一是同心圆式的四周扩张模式;二是“另起炉灶”的方法,以及在城市一侧另辟新区扩建。后周、宋朝的东京开封是四周扩张模式,而明朝的南京、扬州、太原则是“另起炉灶”。明朝的南京城建设是在原有的基础上向东扩张,建设成皇城新区。明朝的福州城是以北面的屏山为起点,向南扩展新城。明朝的扬州城向东面的运河方向扩展,然后筑城墙定型。明朝的太原城在旧城东侧扩建,形成了以晋王府为中心的新城区。如图3－5所示。

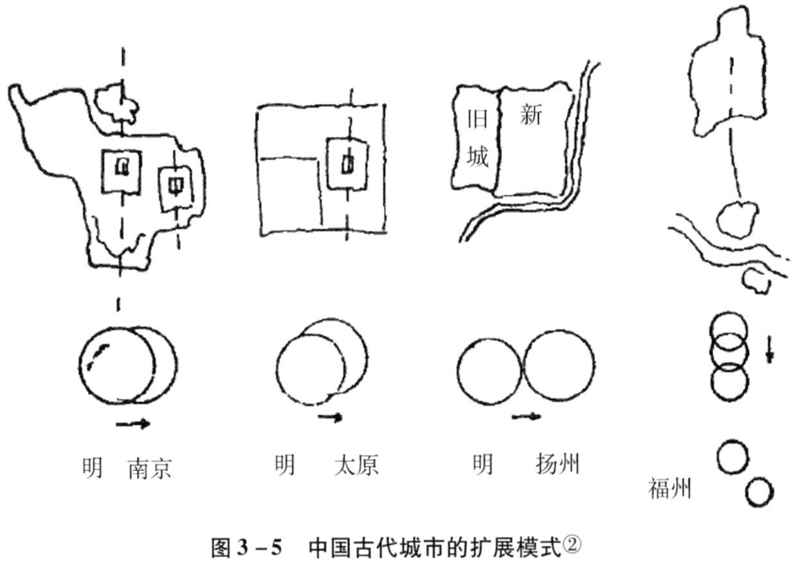

图3－5 中国古代城市的扩展模式②

---

① 吴良镛:《历史文化名城的规划结构、旧城更新与城市设计》,载《城市规划》,1983年第6期。

② 吴良镛:《历史文化名城的规划结构、旧城更新与城市设计》,载《城市规划》,1983年第6期。

中华人民共和国成立以后的“一五”期间,我国在旧城的基础上建设了许多城市,使得城市空间进一步扩张,人口规模迅速增加,城市规划形态也有了新发展。然而在城市的多种扩展形式中,占主要地位的仍然是历史流传下来的两种模式:一是同心圆式的四周扩张模式,比如“合肥模式”;二是“另起炉灶”的“洛阳模式”。“合肥模式”是在拆除旧城墙以后,把护城河两岸建成环绕城市的绿地,即“绿色的项链”,并将其与毗连的名胜古迹连为一体,比如包公墩、逍遥津等。三片新城区围绕旧城区而建,组成了“一体三翼”的城市布局结构。由于旧城区面积较小,主要从旧城中心向外成翼状发展,新区绿地与城市建筑交错,大体保留了旧城的整体格局,避免了“摊大饼”式无序发展对历史文化名城的破坏。“洛阳模式”是为了建设重点工业企业,选择在洛阳城西约 4 公里的涧河西地区作为工业区。这是一种在保留旧城原貌的前提下,一次性把城市新区建设成型的模式(如图 3 - 6 所示)。

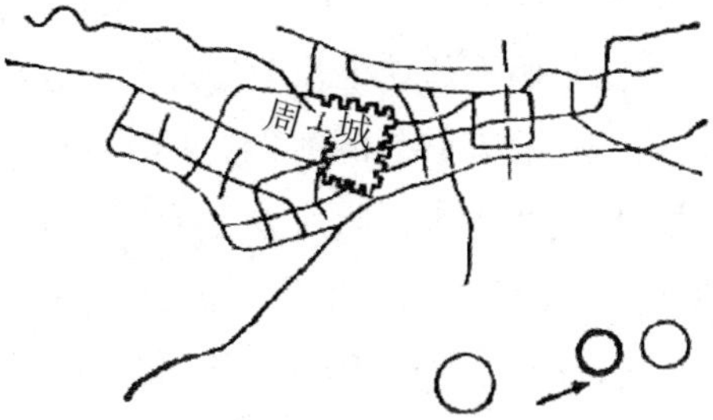

洛阳方式

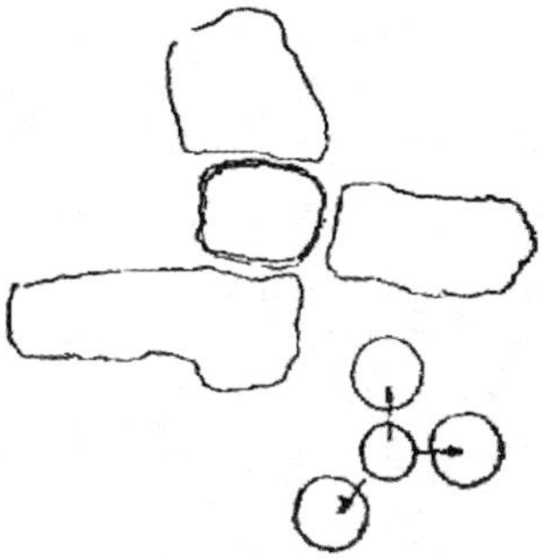

合肥方式

图 3 - 6 洛阳模式和合肥模式①

“洛阳模式”在保护历史文化名城中备受赞扬,是被历史证明了的一种行之有效的模式。洛阳市位于河南省西北部,是一座具有 4000 多年建城历史、1500 多年建都历史的著名古都,被誉为“十三朝古都”。洛阳市战略地位重要,地处中原,横跨黄河两岸,是焦枝铁路、陇海铁路的交汇处,是迎南送北、承东启西的战略枢纽。1954 年 6 月,在建筑工程部召开的第一次全国城市建设会议上,洛阳因历史文化悠久和地理位置优越等因素,被列入新兴工业城市的名单,它与太原、包头、兰州、

① 吴良镛:《历史文化名城的规划结构、旧城更新与城市设计》,载《城市规划》,1983 年第 6 期。

武汉、西安、大同、成都一起，组成了当时的“八大重点工业城市”。国家计委决定在洛阳建立拖拉机制造厂、滚珠轴承厂、热电厂、铜加工厂、矿山机械厂等重型工业工厂，这些工厂均为当时国家重点建设的156项工程，其中以第一拖拉机制造厂为核心。第一拖拉机制造厂的产品主要是农业机械。中原地区是我国主要农业区和产粮区，将农业机械的生产地选址在消费地附近，能减少运输、实验、制造等成本，有利于形成合理的生产力布局。

早在1953年5月，由原国家计委牵头、以第一机械部为主的联合选厂组，在建筑工程部城建总局的配合以及上海市市政建设委员会的大力支援下，就在洛阳地区开展了联合选厂活动。联合选厂组先后提出了四个工业区方案，即西工地区、白马寺地区、洛河南地区和涧河西地区。在这四个方案中，西工地区是西周王城遗址所在地，文物古迹丰富，不适合作为工业区；白马寺地区地下墓葬很多，属于唐宋两个朝代的古墓区，也不宜作为工业区；洛河南地区交通不方便，铁路位于洛河以北，如果架设铁路桥的话，一方面由于时间紧迫，另一方面也花费大量财力，该方案也被放弃。联合选厂组最终选定了涧河西地区作为厂址方案，因为涧河西地区位于谷水镇以东，洛潼公路北边，东、北方向是涧河，地理位置优越。其优点有：其一，地形平坦而略带坡度，利于建厂和排水；其二，地质条件良好，土壤承载能力较强，地下水丰富；其三，土地辽阔，足以满足以后工厂扩建；其四，铁路专用线接轨便利，厂区与住宅区毗邻（如图3－7所示）。1954年1月8日，原国家

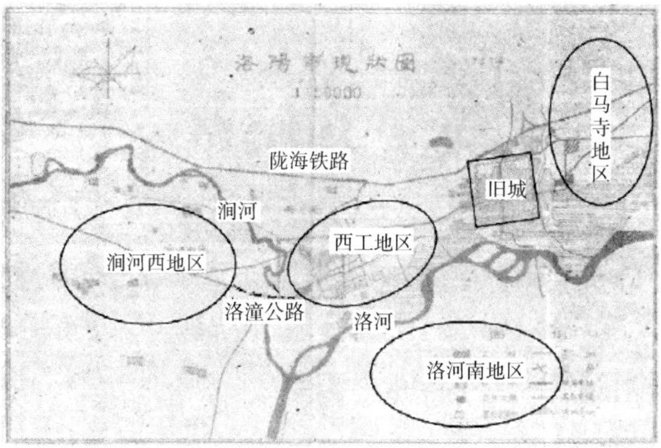

图3－7 “一五”时期洛阳地区联合选厂方案示意图①

① 李浩：《“梁陈方案”与“洛阳模式”——新旧城规划模式的对比分析与启示》，载《国际城市规划》，2015年第3期。

计委讨论通过选址方案,经毛泽东主席批准后开始动工,第一期工程兴建了矿山机械厂、第一拖拉机厂、轴承厂、热电厂和铜加工厂等,当时洛阳市工业人口超过了10万,客观上要求对洛阳市进行科学规划。

1954年原国家建工部城市建设局从各地抽调专家成立洛阳市规划组,程世抚、刘学海担任组长,苏联专家马霍夫、巴拉金等任顾问,按照"粗细结合、点面结合"的方式,开展洛阳市的城市规划工作,在全市范围内做示意图规划,而在涧河西区做总平面布置。规划组对洛阳市作了如下规划:城市性质是"以机械工业为主的工业城市";城市由东部的旧城、中间的西工地区、西边的西涧河工业区三部分组成,两条50—60米宽的主干道将三部分连成一个整体;城市自东向西呈带状延伸,东西长12千米,南北宽2.9千米,最窄处仅为1千米;全市最大容纳的人口数是37万人左右,其中涧河西工业区人口为13.3万人;涧河西工业区是洛阳市的一部分,但是又具有相对独立性,以横穿本区的洛潼公路(洛阳至潼关)为界,公路南是生活区,面积为10平方千米,公路以北是工厂区,面积近4平方千米。此外,在谷水镇以南预留1平方千米土地,作为保留工业区(如图3-8所示)。

图3-8 洛阳市1954年规划草图①

① 李浩:《"梁陈方案"与"洛阳模式"——新旧城规划模式的对比分析与启示》,载《国际城市规划》,2015年第3期。

在城市总体规划和详细规划的指导下,洛阳的城市面貌发生了翻天覆地的变化。截至"一五"计划结束时,涧河西工业区建成了4个大型机械厂、20座大型厂房、20个车间投产、安装5300多台机器设备。洛阳市人口从中华人民共和国成立前的6万余人增至23.29万,城市建筑面积扩展至28.92平方千米。在中华人民共和国成立十周年前夕的1959年9月,制造出新中国的第一台东方红拖拉机。洛阳市的城市规划避开旧城区,另辟新工业区的做法取得了极大成功,深受业内学者专家的好评,被誉为"洛阳模式",并载入教科书中。

在历史文化名城保护过程中,除了"洛阳模式"的成功案例以外,还有闪烁着智慧光辉,但是被弃用的"梁陈方案",即中华人民共和国成立初期由著名建筑学家梁思成和陈占祥提出的北京市规划方案。1949年1月,随着中央有关机构进驻北平,在哪里建设首都行政中心的问题被提上日程。当时的中央直属机关供给部委托梁思成组织清华大学建筑系的师生,规划西郊新市区的住宅区,用以安置有关中央领导同志及其家属。同年3月和4月,原北平市建设局两次召集专家研究城市建设问题。梁思成认为,即将成立的中央人民政府最好与党中央临近,并建议在北平西郊选址建设。1949年5月22日,北平市政府成立都市计划委员会,并召开会议。梁思成在会上报告了新市区的草案设计情况,受到多数与会人员的赞同,会议授权梁思成组织清华大学建筑系全体师生,规划设计位于西郊的新市区草图。此后,在1949年的6月至9月间,北平市都市计划委员会召开多次会议,讨论、研究新市区的设计和建设问题。时任中央直属机关供给部部长的范离,在会上提出要求:"一定要把新市区的总体规划搞出来。"1949年9月中央直属机关供给部修建处成立企划组,梁思成具体负责企划组的领导工作,办公地点设在清华大学的工字厅,初步规划在北京旧城以西七公里左右的五棵松一带建设新市区。

1949年10月,著名建筑学家陈占祥受梁思成之邀,参加企划组工作。陈占祥赞同梁思成在五棵松建设新市区的规划设想,同时提出了四点建议:一是新市区建在复兴门以外;二是把长安街向西延伸至公主坟,把三里河建设成为行政中心;三是将莲花池、八一湖和钓鱼台等景点连为一体,建设规模化的绿地和公园。陈占祥的建议得到了梁思成的赞同和认可。1949年8月,中共中央访苏代表团与苏联政府达成了贷款援助协议,并偕同220名苏联专家回国,专家们的主要任务是为新中国的各项建设项目出谋献策。1949年9月16日,北京市政府成立了市政专家小组,阿布拉莫夫担任组长,共有17名成员,主要工作是草拟北京的城市规划。1949年11月14日,北京市政府召开市政建设会议,苏联专家巴兰尼克夫做了报告,提出了《关于改善北京市市政的建议》。该建议提出,北京市的行政区建设在旧城区,涵盖天安门、长安街东单至府右街等区域。这个建议与"梁陈方案"迥异,梁思成和陈占祥在会上与苏联专家发生了争论。

会议结束后,梁思成和陈占祥一起商谈,感到有必要尽快拿出一个具体方案,以阐述自己的主张。两人的分工是,陈占祥做规划,梁思成写文章。1950 年 2 月,梁思成和陈占祥完成了"梁陈方案",即《关于中央人民政府行政中心位置的建议》:一是首都的行政中心区域位于郊区公主坟以东、月坛以西的适中地点;二是行政区域的面积大于旧城区的皇城;干部工作区的面积约为 10 平方千米。"梁陈方案"洋洋洒洒,全文共 1.6 万字。1953 年 12 月 9 日,北京市委采纳了苏联专家团的意见,形成《改建与扩建北京市规划草案的要点》,并上报中央,明确表态将行政中心区建在旧城区,"梁陈方案"被弃用,此后关于北京行政中心位置的讨论自然终结。

著名建筑学家吴良镛认为,北京文化名城的建设可采用"洛阳方式"或者"合肥方式"(如图 3 -9 所示)。如果将我国古代先确立中轴线,然后建筑的传统方法规划布局北京"新都",将是一种切实可行的方法。把北京老城市的中轴线向北延

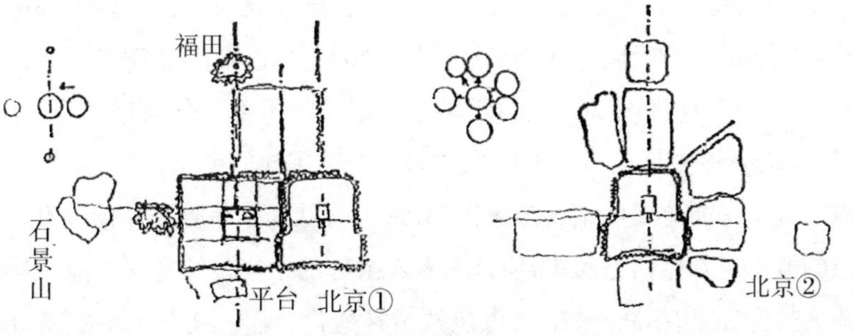

图 3 -9　北京城市规划的两种模式①

伸至圆明园福海,中间与玉渊潭交汇,最南边至丰台,左右翼分别是老北京城和石景山工业区,中间用宽阔的绿化带隔开,东西用林荫大道相连,就会形成一个比老北京城更加宏伟、壮观的"新都",这种规划可以归之为"洛阳方式"。此种方式若

① 吴良镛:《历史文化名城的规划结构、旧城更新与城市设计》,载《城市规划》,1983 年第 6 期。

不成功,也可以用“合肥方式”做文章。中华人民共和国成立初期,北京市政府在采用苏联专家方案的过程中,否定了苏联专家把四条斜放射路引到一环路的错误建议,是非常正确的,否则将损毁旧城的整体布局。在北京旧城墙被拆除以后,本来可以像合肥那样保留护城河外的绿化带,形成美丽壮观的“绿色项链”,可惜未能实现。吴良镛认为,在北京城市规划中,如果能真正贯彻北京市政府1959年拟定的“分散集团式”布局模式,将北京的发展重点放在新城区,并在各个集团单位之间种植绿化带,旧城区就不至于过分拥挤,就会使得北京旧城的保护工作更为积极主动、游刃有余。

(三)中国特色的城市文化

城市日常生活空间离不开文化。2014年2月25日,习近平总书记在北京市考察工作时说:“历史文化是城市的灵魂,要像爱惜自己的生命一样保护好城市历史文化遗产。”[①]《国家新型城镇化规划(2014—2020年)》指出:“鼓励城市文化多样化发展,促进传统文化与现代文化、本土文化与外来文化交融,形成多元开放的城市文化。”[②]城市不仅聚集了大量人口,而且聚集了不同的文化和生活方式,因此,以人为核心的新型城镇化建设,需要构建一种多元开放的中国特色城市文化。

中华文化源远流长,是民族的“魂”和“根”,已经成为联系炎黄子孙的精神纽带和赖以栖居的精神家园。我们如果丢掉了传统文化,就等于割断了赖以生存的精神命脉。2013年11月26日,习近平总书记参观历史文化名城曲阜,在同与会专家、学者座谈时说:“中华优秀传统文化是中华民族的突出优势,中华民族伟大复兴需要以中华文化发展繁荣为条件,必须大力弘扬中华优秀传统文化。”[③]在中国特色的城市日常生活空间中,应该弥漫着浓郁的中华传统文化气息。中华传统文化博大精深,既包括物质文化,也包括精神文化。物质文化涵盖建筑、医药、饮食服装、婚丧嫁娶、“六艺”、琴棋书画、节日庆典活动等,精神文化包括儒家、道家、法家等诸子百家的思想以及佛教文化等,还有文字、语言、诗词、民族音乐、戏剧、对联等。中华文化已经植根于中国人内心深处,潜移默化地影响着人们的思维模式和行为方式。

---

① 习近平:《历史文化是城市的灵魂》,新华网,2016年02月26日。

② 《国家新型城镇化规划(2014—2020年)》,人民出版社2014年版,第58页。

③ 《习近平总书记系列重要讲话读本》,学习出版社、人民出版社2014年版,第99-100页。

今天,我们的人文城市建设应该充分吸收中华文化的营养,否则它就不会有感染力和生命力。中华文化不同于西方文化,它更强调矛盾的统一性而不是斗争性。季羡林曾说:"东方哲学思想的基本点是'天人合一'。什么叫天?中国哲学史上解释很多。我个人认为,'天'就是大自然,而'人'就是人类。天人合一就是人与大自然合一。西方天人对立的思想已经引发了威胁人类生存的生态危机,在今天,只有东方的天人合一思想方能拯救人类。"①在城市建筑文化上,中国古代的园林艺术精美绝伦,飞檐高啄、雕梁画栋的殿式建筑,白墙黛瓦的民居,水榭亭台、小桥流水、曲径通幽的景观,以及暮鼓晨钟的生活情境等,都值得借鉴和吸收。钱学森说:"对于中国城市,我曾向吴教授(吴良镛)建议:要发扬中国园林建筑,特别是皇帝的大规模园林,如颐和园、承德避暑山庄等,把整个城市建成一座大园林。我称之为'山水城市'。人造的山水!"②

中华文化中有着丰富的民本思想,孔子主张"节用而爱人,使民以时""宽则得众";孟子认为"民为贵,社稷次之,君为轻";荀子认为"君者,舟也;庶人者,水也。水则载舟,水则覆舟"。③ 传统文化的民本思想给现代社会建设的启示是:第一,充分认识到人民群众在历史创造中的重要地位和作用,无论是在社区建设,还是市政建设,都要以人为本,尊重民意,充分发扬社会主义民主;第二,城市社会要充满正义、仁义,成熟的社会是一个仁者爱人、公平正义的社会,即孔子的理想社会:"选贤与能,讲信修睦,故人不独亲其亲,不独子其子,使老有所终,壮有所用,幼有所长,矜、寡、孤、独、废疾者,皆有所养。"④第三,市民是城市的主人而不是无足轻重的配角,市民的道德风貌、行为举止塑造着所在城市的形象以及个性特征。

节日庆典是一个民族的非物质文化遗产,传统节日是中华民俗文化的重要载体和内容,承载着深厚的文化内涵,在较短的时间内集中展示了各族人民精神信仰、伦理关系、消费习俗等。因此,人文城市建设应该重视传统节日,让市民过好传统节日,在节日中愉快地休闲、交往,感受传统文化的博大精深,沉醉在传统文化的氛围中。春节、元宵节、清明节、端午节、七夕节、中秋节、重阳节等是我国著名的节日,其中春节、清明节和中秋节最为隆重,国家规定了法定假期,春节放假三天,清明节、中秋节各一天。传统节日中包含着中华民族的各种文化习俗,比如

---

① 转引自方克立:《"天人合一"与中国古代的生态智慧》,载《社会科学战线》,2003 年第 4 期。

② 转引自傅礼铭:《钱学森山水城市思想及其研究》,载《西安交通大学学报》,2005 年第 3 期。

③ 允喜春:《民本思想的历史沿革及其评价》,载《北京工业大学学报》,2004 年第 1 期。

④ 赵士孝:《孔子的社会理想》,载《孔子研究》,2010 年第 4 期。

在过春节期间,人们祭祀灶神,张贴春联、年画,守岁、放鞭炮、拜年、祭祖,吃年糕、包饺子等。在节日期间,城市张灯结彩,市民们穿新衣,扭秧歌,饮美酒,载歌载舞,其乐融融,忘却了往日的烦恼和忧伤,在短时间内获得了自由和解放。亨利·列斐伏尔把人们节日中的欢乐状态,称为“瞬间解放”,列宁也讴歌节日的重大作用,认为节日能激发人民群众创造历史的无限潜能。

民族语言是传统文化的重要组成部分,人文城市建设应该尊重汉语等民族语言。在鸦片战争以后的很长一段时期内,中国积贫积弱,一些人持有弱者心态,缺乏对民族语言和文化的自信。甚至一些革命者也误将汉字作为国家落后的一个重要原因,因此,在“新文化运动”中,一些学者提出了“汉字不灭,国家必亡”的错误主张。1918 年,著名文学家钱玄同发表了题为《中国今后之文字问题》的文章,主张“废孔学”“废汉字”。瞿秋白也力主废除汉字,他提出:“现代普通话的新中国文化必须罗马化。罗马化或者拉丁化,就是改用罗马字母的意思,这是要根本废除汉字。”①中华人民共和国成立后,国家进行了汉字改革,在简化汉字、推广普通话、推行拼音方案等方面,成效显著。在当时,汉字走拉丁化、拼音化道路成为一种主流声音。20 世纪 80 年代初期,汉字再次面临挑战,一些人认为汉字不能在电脑上输入,甚至断言:“电子计算机是方块汉字的掘墓人,也是汉语拼音文字的助产士。”②改革开放以后,面对西方发达国家的科技成就,一些人将自己定位为落后者的角色,盲目崇拜西方的语言、文化、科技成就等。

改革开放以来,随着中国迅速地发展成为一个强大的社会主义国家,全国各族人民增强了民族自豪感,也坚定了对民族语言和文化的自信心。客观地说,汉语语言相对于拼音文字有其独特的魅力,它讲究对称与节奏,语言舒缓徐疾、收放自如,如同音乐节奏,富有诗意,蕴含着摄人心魄的韵律美;它是一种视觉语言,将音、形、义融为一体,将使用功能和审美功能完美地结合起来,如同图画一样,能激发人的想象力,给人以美的享受。法国哲学家亨利·列斐伏尔非常喜爱汉语语言,对它赞不绝口,他说:“当我观察‘田’这个汉字的时候,如果我尝试解译我所看到的,我就会说它是一块稻田的鸟瞰图。稻田之间的边界线不是石墙或者带刺的铁丝篱笆,而是与稻田连为一体的沟渠。当我思考这个字符、这块稻田的时候,我

① 周德藩:《热爱母语,学好中文,提升中国教育品质》,载《语文世界》,2011 年第 1 期。

② 周德藩:《热爱母语,学好中文,提升中国教育品质》,载《语文世界》,2011 年第 1 期。

似乎变成了一只翱翔在稻田的正上空、在最佳位置俯视稻田的鸟儿。”[1]语言是文化的载体，汉语语言相对于拼音文字的独特魅力，还在于它承载着中华民族五千年的灿烂文化。党的十九大报告指出：“文化是一个国家、一个民族的灵魂。”如果说市民的物质家园坐落在他们生活的城市，那么精神家园就存在于民族语言中。广大市民只有热爱母语，坚定民族语言和文化自信心，才能正确地对待包括英语在内的各种外国语言，才能从中华优秀传统文化中汲取智慧和力量，给心灵一个栖息之所，即“充满劳绩，但人诗意地，栖居在这片大地上”[2]。

中华传统文化以其包容性特征以及兼收并蓄的博大胸怀，接纳着来自世界各地的文化。

（四）中国特色的城市日常生活空间是一个生命有机体，蕴含着生命文化

自然界是有生命的，是人的无机的身体。马克思说：“自然界是人为了不致死亡而必须与之处于持续不断的交互作用过程的、人的身体。”[3]在这个意义上，生命文化就是肯定自然界具有生命属性、倡导天人合一、顺应自然规律的文化。城市日常生活空间是自然界的一部分，它也是有生命的。城市日常生活空间作为一个生命有机体，一方面具有自然属性，这是由明媚的阳光、新鲜的空气、干净的水、绿色植物等自然因素给予的。我们要创造、建设一个人们乐意居留的日常生活空间，必须充分考虑它的自然属性，依托现有的山水脉络等独特风光，将日常生活空间融入山清水秀的生态环境中，“让居民望得见山、看得见水、记得住乡愁”[4]。居民不仅能呼吸到新鲜空气、喝上干净的水、吃上放心的食物，也要有充足的休闲娱乐场所，比如草坪、花园、公园、森林等，因为种满青葱草木和灌木的开阔地不仅使温度变得均衡，空气变得新鲜，而且还能使人们的身心放松、愉悦。

另一方面，城市日常生活空间也具有属人性质，有欲望、需求等心理，也从事新陈代谢、生长发育等活动。合理的欲望和需求有益于生命体的健康成长，过分膨胀的欲望则会毁灭生命体。在消费主义文化的影响下，我国城市日常生活空间充斥着过多的物质欲望。众多商家为了促销商品，在广播、电视、网络、报纸、杂志等大众传媒上大肆广告，把日常消费品与高贵、浪漫结合在一起，刺激人们的消费

---

① 潘可礼：《亨利·列斐伏尔的社会空间理论》，载《南京师范大学学报》，2015 年第 1 期。

② 潘可礼：《社会空间论》，中央编译出版社 2013 年版，第 182 页。

③ 《马克思恩格斯文集》第 1 卷，人民出版社 2009 年版，第 161 页。

④ 《习近平总书记系列重要讲话读本》，学习出版社、人民出版社 2014 年版，第 74 页。

需求、欲望，引导人们追求消费的炫耀性、奢侈性和新奇性，使得人们在高消费中感受人生价值和获得意义满足，于是城市日常生活空间变成了一个欲望膨胀的空间。众所周知，城市日常生活空间是生物圈的一个组成部分，生物圈中的物质是有限的，产品、原料和废物的循环再生是生态系统维持均衡的必要条件，如果城市日常生活过分消耗物质能源，就会打破生态平衡，造成城市日常生活空间的生态紊乱，不适宜人的生存。

宋明理学的“存天理，灭人欲”思想，固然有其糟粕，但是也包含着具有借鉴意义的生命文化，它要求人们遵循自然规律，节制不合理的欲望、需求。在朱熹看来，天理是自然界之理，是万物的常理，是事物固有的规律，“天地中间，上是天，下是地，中间有许多日月星辰，山川草木，人物禽兽，此皆形而下之器也。然这形而下之器之中，便各自有各道理，此便是形而上之道”①。“人欲”是指人们对物质生活的过度追求和愿望。朱熹认为：“若是饥而欲食，渴而欲饮，则此欲亦岂能无？问饮食之间，孰为天理，孰为人欲？曰：饮食者，天理也；要求美味，人欲也。”②自然资源是有限的，多数是不可再生资源，人若未经道德教化，其心理欲望和需求是无止境的。人若为了追求一己私欲，不遵循自然规律、“天理”，而一味地攫取、消耗资源，就会导致生态危机，污染城市日常生活空间，最终会危及人们的生存。

（五）把社会主义核心价值融入城市日常生活空间中

文化的灵魂是民族精神，民族精神的灵魂是核心价值观念，这是一个民族的基因，它流淌在炎黄子孙的血脉中，融入日常生活、风俗民情里，铭刻在各种空间场所上，恒久存在，代代传承。当前我国正处于大规模的城镇化、“空间的生产”时代，众多场所被生产出来，比如道路、桥梁、广场、公园等，它们拓展了城市日常生活空间，改变了人们的城市记忆。然而，一些空间场所的名称却稀奇古怪，甚至低俗。名称不是可有可无的东西，名正才能言顺。场所名称作为空间符号，赋予场所某种意义，构成了一个城市的记忆系统，烙上了人类的文化印迹，并通过空间化而代代相传。德塞尔托认为：“名称（或至少是‘合适的’名称）会赋予场所某种意义，一种以往无法预料的意义，并且由此形成一个象征的维度。”③陈蕴茜的研究

① 黎康：《试论中国传统农学对朱熹理学的影响》，载《农业考古》，2006年第4期。

② 黎靖德：《朱子语类》，中华书局1986年版，第223页。

③ 德波拉·史蒂文森：《城市与城市文化》，李东航译，北京大学出版社2015年版，第87页。

表明:场所名称具有将意识形态恒久化、常态化的功能;在民国时期,仅以"中山"命名的道路(街巷)就多达 532 条;1938 年福建省会迁至永安,省政府随即对原有街道进行改名,以中山路为中心,辅以建国路、民族路、复兴路、民权路、国民路、中正路、中华路、三民巷、民主巷等,第二年又拆除城墙,建设中山纪念堂,重组城市日常生活空间,使得永安俨然变成了一座新城,"人们在重新熟悉这座城镇的过程中,会对复兴民族、振兴中华产生全新认识"①。

名称赋予空间场所某种意义,这种意义将伴随着名称而恒久存在,成为人们的城市记忆和乡愁。社会主义核心价值观所包括的 12 个概念都特别适合用作各种空间场所的名称。当前"和谐"作为中国铁路高速动车组的名称,已经家喻户晓,名扬海内外。"和谐号"动车组是一种动态的、流动的日常生活空间,首尾车辆设有驾驶室,无须调挂车头即可双向行驶。它运能大、起停速度快、乘坐舒适,采用流线型设计,外形美观,如同一位宣讲社会主义核心价值观的形象大使,让国内外乘客形象地感受到什么是和谐,深刻地理解和谐价值观的文化内涵。如果说"和谐"已经成了高速动车组的专有名称,那么"文明"特别适合城市公交车。"文明号"不仅只作为公交车班组的荣誉,也应当成为城市公交车的共同名称。当然,社会主义核心价值观的 12 个概念具有普遍性,既适合于命名城镇化中所有新建场所,比如街道、社区、楼房、公园、广场、学校、商业区等,也适合当作人的名字,如同被广泛使用的"建国""援朝""卫国""文革""卫东"等人名一样,深深地烙上了时代精神的印记。如果我们将社会主义核心价值观的概念作为各种空间场所的名称,用作人的名字,将其铭刻在日常生活空间中,形成一定的生活场景和社会氛围,它们就不再空洞、抽象,就有了躯体和生命,变得鲜活、"会说话",易于人们将其内化于心、外化于行动,做到知行合一。恰如习近平总书记所说:"要利用各种时机和场合,形成有利于培育和弘扬社会主义核心价值观的生活场景和社会氛围,使核心价值观的影响像空气一样无所不在、无时不有。"②

(六)文化产业成为城市的支柱产业

文化产业是建设人文城市的关键,也是解决工业城市环境污染问题、建设绿色城市的一把神奇的金钥匙。

---

① 陈蕴茜:《民国中山路与意识形态日常化》,载《史学月刊》,2007 年第 12 期。

② 《习近平谈治国理政》,外文出版社 2014 年版,第 165 页。

1. 文化产业概念释义

20 世纪初期,在法兰克福学派著名思想家霍克海默和阿多诺合著的《启蒙辩证法》中,首次提出“文化产业”(culture industry)的概念,以此批判资本主义市场经济条件下技术和消费因素对文化的影响。联合国教科文组织认为,文化产业就是按照工业标准,生产、再生产储存以及分配文化产品和服务的活动。文化产业的资源包括内容性和手段性两种资源,所谓内容性资源是指风景名胜、文化古迹等资源,手段性资源包括智力、人力、资本等资源。一般说来,与其他产业相比,在手段性资源基本相同的条件下,文化产业发展的巨大优势在于其掌握着丰富的内容性资源,文化企业的营利要高于传统产业。2004 年国家统计局公布《文化及相关产业分类》,把文化产业分为文化服务业和文化相关产业两大类,文化服务业的核心层次包括新闻服务及其出版发行、广播电视电影服务、文化艺术服务等,外围层次包括文化休闲娱乐服务、网络文化服务等。文化相关产业包括文化用品、文化设备等销售和生产行业。

在学术界,除了文化产业概念以外,文化创意产业概念也被普遍使用,关于这两个概念之间的关系,学术界存在着三种不同观点。第一种观点是“相同论”。金元浦认为,文化产业和文化创意产业是一回事,在内涵和外延上大致相同。[①] 第二种观点是“包含说”。张晓军认为,文化产业包括文化创意产业,文化创意产业是适应新的产业形态而出现的高层次文化产业,不同于制造业等汗水产业,它依赖创意精英群体的创新劳动,特别依靠他们的高水平的文化、高水平的管理以及高水平的技术,其中最具有创新性的人才是创意产业存在和发展的关键。在此意义上,张蔷把文化创意产业界定为:“文化创意产业是以文化产业为基础,以农业、工业和第三产业为创意对象。以创意策划为核心,采用设计、策划和软件、网络、计算机服务等新媒体技术,通过产品的制造和营销,以及衍生产品的开发而形成的产业链,将文化制品及文化服务转换为商品与服务的价值链,并最终实现价值链的扩散与增值的新兴产业。”[②]第三种观点是“迥异说”。北京市把文化创意产业分为两类,A 类是国家统计局的分类;B 类包括设计策划与网络、软件服务等新媒体技术两类产业。上海市把文化创意产业分为两大类,一是文化产业,由广播电

---

① 转引自张蔷:《中国城市文化创意产业现状、布局及发展对策》,载《地理科学进展》,2013 年,第 8 期。

② 同上。

视以及新闻出版部门管理;二是创意产业,由经济信息部门管理。据此,高红岩认为,文化产业与文化创意产业是截然不同的两个概念,文化产业的核心要素是文化资源,而文化创意产业的核心要素是精英人才的文化创新活动。①

综上所述,笔者赞同第二种观点,认为文化产业包括文化创意产业,文化创意产业是文化产业的高级形态。我们认为文化产业的内涵是:文化产业就是生产和再生产精神、文化产品的产业形式,文化企业以智力、文化资源为原料,以工业标准,生产各种包含着剩余价值、剩余劳动的文化产品及文化服务,满足消费者精神文化生活的需要,从中赚取高于传统工业领域的利润。文化产业的外延涵盖两部分,一是新闻出版发行、影视制作、娱乐、文化会展、广告、印刷、演艺、教育培训、广告等传统文化产业;二是数字出版、文化创意、移动多媒体、云电视、游戏动漫等新兴文化创业产业。文化产业成为一个城市的支柱产业从质上看,是指在一定时期,文化产业在城市经济中占据主导和支配地位,与其他有着较强的产业关联性,它自身有发展潜力,具有良好的发展前景,还能辐射和拉动相关产业的发展;从量上看,文化产业要成为一个城市的支柱性产业,其产值必须占这个城市 GDP 总量的 6% 以上。据此标准,上海、杭州、北京、长沙、南京、深圳、广州等城市的文化产业占 GDP 的比重均已超过 6%,文化产业已经成为这些城市的支柱产业。

2. 我国城市文化产业的发展现状

当前美国、日本是文化强国,其文化产业的产值均超过 GDP 的 10%。随着中国经济的崛起,人们的消费由原来的日常必需品为主,转向了文化、休闲娱乐,刺激了文化产业的发展。2004 年我国文化产业的产值是 3440 亿元,占 GDP 的 2.15%;2010 年为 11053 亿元,占 2.75%②,2013 年是 5 万亿元左右,占 3.2%,2015 年约为 2.75 万亿元,占 5% 左右,仍有很大发展空间。2015 年 11 月,中国人民大学和文化部文化产业司,联合发布“2015 年中国省市文化产业发展指数”,上海市和北京市分别排名第一位、第二位,紧随其后的有江苏、浙江、广东、山东、福建、四川、湖南、河北等省。中国文化消费指数(2015)是通过调查取样,从全国三十一个省市中选取一定数量的文化人群,计算他们的消费数据得出文化产业发展指数。该数据表明,我国文化消费综合指数由 2013 年的 73.7 增至 2015 年的

① 转引自张蕾:《中国城市文化创意产业现状、布局及发展对策》,载《地理科学进展》,2013 年,第 8 期。

② 张蕾:《中国城市文化创意产业现状、布局及发展对策》,载《地理科学进展》,2013 年,第 8 期。

81.2,平均增长率为5%。文化消费水平、文化消费环境、文化消费能力指数均呈上升趋势,其中文化消费环境指数平均增长率为11.33%,增幅最快,文化消费意愿指数小幅回落,文化消费满意度指数大幅提升。① 此外,杭州、深圳、广州、南京、长沙、重庆、苏州、成都等城市文化产业发展势头迅猛。在各类文化产业中,以动漫游戏、网络出版、手机出版、数字印刷增长速度最快,尤其是动漫游戏已经形成产业规模。2010年至2014年间,中国动漫游戏产业增长迅猛(如图3-11所示)②。2014年,以土豆、优酷、爱奇艺、腾讯为代表的视频网站,播放动漫游戏的时间均创历史新高,全国动漫游戏产业产值约为1000亿元,占GDP的0.24%,比2013年增长14.83%。③

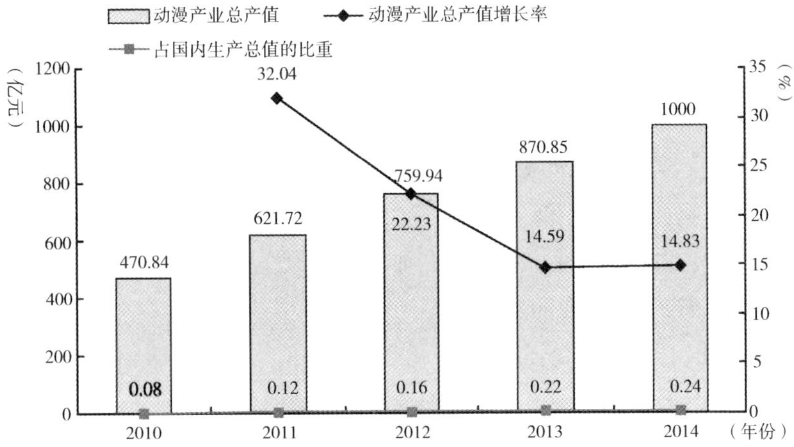

图3-11　2010—2014年我国动漫产业总产值

3. 文化产业的空间布局

从国家层面看,我国已经形成以城市为核心的六大文化产业群,即首都地区、长三角地区、珠三角地区、滇海地区、川陕地区、中部地区等(如图3-12所示)④。

---

① 《2015中国省市文化产业发展指数发布 上海居首》,中国经济网,2015年11月2日。

② 邓林、何佳洁:《2014年中国动漫影视产业发展回顾》,中国社会科学网,2016年3月26日。

③ 邓林、何佳洁:《2014年中国动漫影视产业发展回顾》,中国社会科学网,2016年3月26日。

④ 张蕾:《中国城市文化创意产业现状、布局及发展对策》,载《地理科学进展》,2013年,第8期。

从图 3 - 12 可以看出，以上海市为龙头的长三角地区文化产业群规模最大，以动漫产业、广告策划、室内装饰和工业设计为重点；以广州、深圳为中心的珠三角文化产业群，重点发展文化会展、油画、动漫游戏、数字印刷、影视业、广告等业务；以北京为中心的首都文化产业群，以文艺表演、古玩交易、广播电视、广告、文化会展等业务；以成都、西安、重庆为中心的川陕文化产业群，主导产业是动漫游戏、网络软件；以武汉、长沙为中心的中部地区重点发展动漫、广播、影视、设计等产业；以昆明为中心的滇海地区，重点发展民俗表演、旅游文化等。

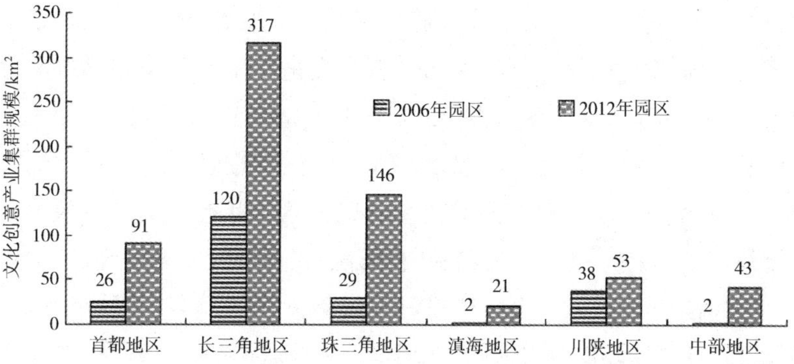

图 3 - 12　中国六大文化产业群规模比较

从城市层面看，文化产业主要有四种布局模式，即中心城区布局模式、中心城区外围的布局模式、邻近科技园布局模式、远郊县（区）布局模式。北京是中国重要的文化产业基地之一，早在 2014 年，其文化产业增加值是 2826.3 亿元，占全市 GDP 的 13.2%，已经成为首都经济中仅次于金融业的第二大支柱产业。北京市有 30 个重要文化产业园区，位于北京城中心区的文化产业园有五个：北京音乐文化产业园、琉璃厂历史文化产业园、前门传统文化产业聚集区、DRC 工业设计创新产业基地、中关村科技园雍和园区。十个文化产业园位于中心城区的外围：798 艺术区、潘家园古玩艺术品交易园区、惠通时代广场、时尚设计广场、欢乐谷生态文化园、首钢二通厂动漫游戏城、大红门服装服饰产业聚集区、CRD 国际传媒产业集聚区、奥林匹克公园、卢沟桥文化创意产业区，其中以位于主城区东北酒仙桥的 798 艺术区最为著名。798 艺术区的前身是华北无线电器材联合工厂的厂区，于 20 世纪 90 年代末关闭后，改建为文化产业区，目前有 450 余家文化企业，规模宏大。四个邻近高科技园的文化产业区：清华科技园、北京数字娱乐产业示范基地、中关村软件园、中关村创意产业先导区。11 个文化产业园位于远郊(县)区:怀柔影视基地、大兴新媒体产业基地、通州宋庄原创艺术与卡通产业区、顺义国展产业园、中国乐谷——首都音乐文化产业园区、房山历史文化旅游区、古北口旅游休闲园区、门头沟斋堂古村落古道文化园区、十三陵文化园区、八达岭文化园区、北京出版发行物流中心。

文化产业的空间布局不是主观随意的,而是受各种因素的制约和影响。首先城市经济和产业基础影响文化产业的布局。一些国际性大都市,比如东京、纽约、伦敦等,有着雄厚的经济基础,丰富的文化资源储备,这些因素成为一种巨大的向心力吸引文化产业集聚于此。中国的城市亦是如此,上海、北京、广州等城市以其雄厚的经济基础,发达的第三产业,以及丰富的文化资源,吸引着诸多有实力的文化企业入驻。其次是人才因素。农业的资源是土地,工业的资源是矿产,文化产业的资源是智力、人才。没有足够数量的创意人才,就难以进行文化产品的创意、开发、推广、经营、管理等活动,文化产业就难以为继。为此,文化产业的布局客观上要求毗邻人才密集区,比如高等院校、科研院所、高新技术开发区等,以便在人才培训、产品研发以及公共平台的建设等方面密切合作。再次是城市环境因素。城市环境既包括物质环境,也包括人文环境。一个城市的园林绿化、交通、通讯、市政设施、教育设施等物质环境齐备,生活空间宜人,工作环境宽敞,有利于创意人才的创新活动。同时,如果一个城市文化氛围浓厚,人际关系和谐,工作氛围宽松,就能激发创意人才的创造欲望和积极性,让文化企业充满生机和活力。最后,城市产业发展政策因素。一个城市的文化产业布局,深受产业发展政策的影响,包括促进文化产业发展的财税、投资、融资、土地等政策,在文化产业发展的早期和中期阶段,迫切需要优惠扶持政策。

4. 加快城市文化产业发展的对策和策略

近几年,中国城市文化产业初具规模,发展势头良好,但是也存在着一些制约文化产业发展的问题。一是观念滞后,体制不顺。一些城市对文化产业的战略意义认识不足,管理混乱,政出多门。二是领军人才短缺。一些城市位置偏远,难以吸引到领军人才,即使是比较高端的人,也很缺乏,这就导致创新能力不足,难以生产出具有自主知识产权的拳头产品和核心技术。三是一些城市基础设施和公共平台建设,相对于文化产业的发展势头来说,相对滞后,客观上制约了文化产业的健康发展。四是文化企业的融资渠道不畅通。不少城市至今还没有设立用于支持文化产业专项的基金、创业引导基金,商业银行也没有推出适合文化产业需求的信贷模式,使得文化企业融资困难,后劲不足。五是一些城市对文化产业的政策支持力度不大,缺乏一些支持和促进文化产业的政策,比如税收优惠、人才引进、园区开发、知识产权保护以及专项基金等方面的政策。为此,我们认为要加快发展城市文化产业,必须做好以下工作:

第一,市政府要把文化产业着力打造成支柱产业。

一些城市尤其是工业城市的经济支柱产业,是传统的制造业或者工矿企业。传统工业的特点是消耗自然资源,污染城市环境。随着信息社会的到来,劳动密集型的制造业逐渐沦为"夕阳产业",当前文化产业已经成为城市的"黄金产业"和"朝阳产业",对城市经济结构的转型、升级以及健康发展有着重大意义。据统计,全世界文化产业每天创造的总价值高达220亿美元,并且每年以5%的速度递增。联合国的统计资料表明,目前文化产业约占全球GDP的7%,并且每年以10%的速度大幅度增长,远高于GDP的增幅,尤其是一些发达国家文化产业的增速惊人,美国年均增长14%,英国是12%。[①]

在转变经济增长方式背景下,为贯彻"十三五"规划提出的"创新、协调、绿色、开放、共享"的发展新理念,我们建议城市要着力把文化产业培育成为经济支柱产业。具体措施有:一是市政府要制定各种优惠政策,以扶持、激励文化产的发展;二是降低传统工业尤其是污染企业在城市经济总量中的比重,增加文化产业的比重;三是依托当地文化资源,发展城市文化产业。中华文化光辉灿烂,城市承载着各种文化,比如传统文化、革命红色文化、乡风民俗等,都是文化产业的重要资源,有待进一步开发。例如潍坊的风筝文化,天津的杨柳青年画,苏州的桃花坞木版年画,杭州的宋城文化,井冈山、临沂、延安等城市的红色文化等,都驰名中外,有待于我们深入挖掘、开发,形成城市的支柱经济产业,最终走出经济发展困境,破解环境污染难题。

第二,市政府要着力培养文化产业人才,将其作为城市文化产业的首要智力资源。

物质资料的生产和再生产活动,是人类赖以生存的第一个历史活动,它需要消耗大量资源。资源具有历史性,不同的历史时期有着不同的占主导地位的资源。在农业社会,土地是主导性资源,工业社会中是资本、矿山,而信息社会中占

---

① 张蕾:《中国城市文化创意产业现状、布局及发展对策》,载《地理科学进展》,2013年第8期。

支配地位的资源是人力资源,需要开发人的大脑。相对于土地、资本、矿山等稀缺资源来说,人力资源的开发潜力最大,因为每个人都拥有大脑这个有待进一步开发的宝贵资源,目前人脑被开发、利用的部分,只占很少比例。有研究表明,人脑的信息存储量高达1015比特,高于现代大型电子计算机;如果一个人好学不倦,有效地开发大脑,那么他一生在脑中存储的信息约是美国国会图书馆藏书量的50倍,相当于5亿本书籍的知识。① 正是在这个意义上,约翰·霍金斯说:"拥有主意的人开始变得比使用机器的能量更大,在很多情况下,甚至胜于那些拥有机器的人。"②历史唯物主义把普通的人民群众作为历史的创造者,但是从未否认杰出历史人物对历史发展的卓越贡献和功绩。针对目前城市文化产业创新人才短缺的状况,市政府有很多工作要做。一是构建文化创新人才脱颖而出的培养机制,重点培养一些既懂文化又懂市场,既懂外语又懂科技的创新型、外向型、复合型的领军人才。二是采取优惠政策,吸引文化创新人才和团队,真正做到感情留人,事业留人。杭州留住了马云和阿里巴巴,不仅因为杭州市的地域特点、包容文化,更重要的是市政府产业文化优惠政策起到了关键作用。三是实施"文化产业职业经理培训计划",为文化产业发展培养一大批专业管理队伍。四是加大对知识产权的保护力度,激发文化产业人才的创新潜能,依法推进文化产业健康发展,激发文化产业人才的创新潜能,促进城市文化产业从"制造"向"智造"转型。

第三,加强文化产业园区建设,形成合理的空间布局。

经过几十年的发展,我国城市的文化产业园区建设已经初具规模。文化产业园区单纯的经济或者艺术诉求已经不合时宜,必须与社会以及人的生存状况相结合,亦即文化产业园区必须由单一的经济意义转向多种意义,即形象空间、产业空间和意向空间"三位一体"(如图3-13所示)。③ 文化产业园区是多种因素最终形成的"总合力",即管理办公室的总体协调,生产者的文化创新活动,以及在政府政策推动、企业参与、媒体报道、消费者体验等多重活动的共同作用下,文化产业园区才具有了"三位一体"的空间结构形式。所谓形象空间,是指文化产业园区的物质的、地理的空间形式,是文化产业的载体,表现为城市景观。理想的园区类似

---

① 杨鑫辉:《人脑的结构·潜能·开发》,载《河北师范大学学报》,2001年第3期。

② 张蕾:《中国城市文化创意产业现状、布局及发展对策》,载《地理科学进展》,2013年第8期。

③ 向勇、陈娴颖:《文化产业园区的理想模型与"曲江模式"分析》,载《东岳论丛》,2010年第12期。

于公园,环境优美,建筑样式典雅,融合传统与现代文化。日本的六木新城文化产业园区把传统的日式庭院与现代化的摩天大楼结合在一起,在原有水系和植被的基础上,建立了公园和广场,丰富了城市生态景观,置身于此,令人心情愉悦、创造欲望强烈。功能空间是文化产业园区的功能定位,即文化产业园区是一个提供文化服务的功能场域。文化产业园区都会依据自身优势,构建独具特色的文化产业链,孵化文化产业。六木新城采用综合化、集群化的开发模式,倡导 20 小时办公理念,把写字楼、住宅、购物中心、剧院、美术馆、会展中心等多种功能集合在一起,形成了相互拉动、层次分明的产业组合形式,交通设施便利,供暖系统人性化,非常适宜文化创意活动。意向空间是指消费者体验文化"故事",从而生成丰富的文化欲望、想象和意向的空间。六木新城通过开办电影节举办画展、开设讲座等艺术活动,提升了园区的知名度、影响力和艺术内涵。与此同时,六木新城极力保留历史记忆,留住人们的怀旧乡愁,移回因城市建设而移走的百年古树,修建带有江户时代文化风格的武士庭园和毛利庭园。总之,园区的良好艺术规划、空间设计和历史文化传承,把六木新城塑造为一个艺术化、人性化的空间形态,成为日本新都市主义居住空间的范本,值得我们学习和借鉴。

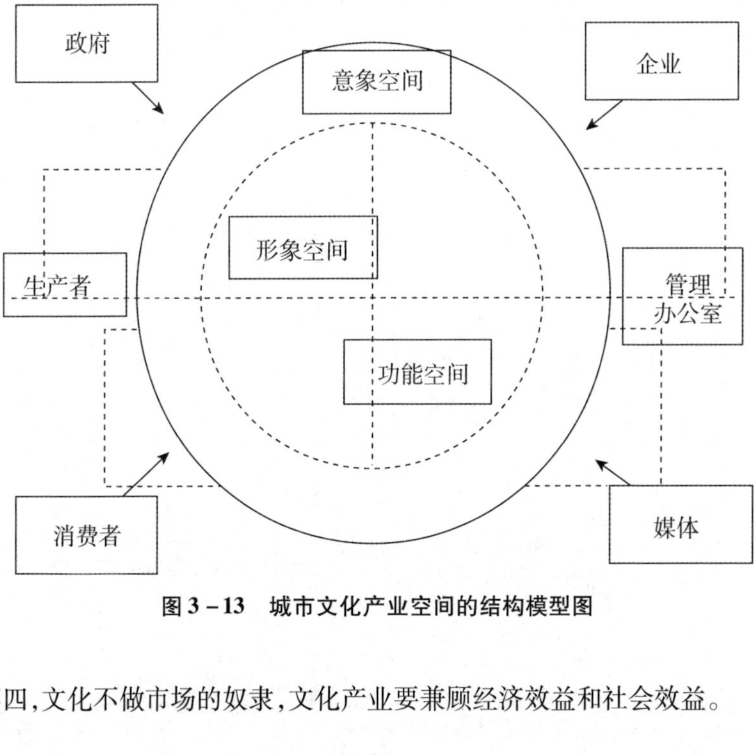

图 3－13　城市文化产业空间的结构模型图

第四,文化不做市场的奴隶,文化产业要兼顾经济效益和社会效益。

马克思和恩格斯在《德意志意识形态》中说:"物质劳动和精神劳动的最大一次分工,就是城市和乡村的分离。"[①]农村是凭借体力劳动生产物质资料和生活资料的地方,城市是消费生活资料和从事精神生产的场所。市井出人才。城市是一个地区人才聚集的场所和文化生产中心。党的十九大报告指出,要"坚定文化自信,推动社会主义文化繁荣昌盛,提高国家文化软实力"。改革开放以来,尤其是在社会主义市场经济体制条件下,电视、电影、广告、动漫游戏、绘画、戏曲、年画、风筝、教育培训等文化产业发展迅速,一些城市的文化产业成为经济发展的支柱,经济效益突出。然而,在过分强调文化的产业功能同时,一些文化企业错误地把文化当作市场的奴隶,只顾经济效益,而忽视文化的社会效益、育人功能。对此,习近平总书记深有感触。他在同几个艺术家交谈时曾经问过:"当前文艺最突出的问题是什么?"他们一致回答"浮躁"二字。文艺界的浮躁源于不合理的文化制度,一些大专院校和科研单位给教师和科研人员每年定研究指标和项目,对不同职称的人员都有明确要求,并且以此作为考核和评价标准。文艺界的浮躁也源于市场作用下的急功近利思想,一些人和企业认为,为一部作品耗费那么多精力和时间不划算,应该尽快地将其交换出去,变成交换价值,即金钱。这种逐利心态误导了文艺作品的创作方向,使得低俗作品大行其道,金钱污染了文艺作品。

① 许庆朴等:《马克思主义原著选读》,高等教育出版社1999年版,第42页。

第四章

以人为核心的新型城市群

城镇化主要有“单体式”和城市群两种模式。在很长一段时间内，我国一直采用单体式城镇化模式，着力发展小城镇。1978 年全国第三次城市工作会议确立了“控制大城市规模，多搞小城镇”的城镇化模式，在“十五”规划中提出“大中小城市与小城镇协调发展”的城镇化模式，蕴含着对立统一规律，富有辩证智慧。2005 年，“十一五”规划中首次提出，城市群是城镇化的主体形态。2011 年，“十二五”规划把城镇化模式改为“城市群与大中小城市和小城镇协调发展”。2014 年，《国家新型城镇化规划》，明确规定城市群是城镇化的主体空间形态。至此，关于我国新型城镇化发展模式的讨论被终结，具有以唯物辩证法哲学依据、兼容并包的城市群成为新型城镇化的主导模式。

一、城市群：让人生活更美好的城市共同体

人是群体性动物。马克思认为人是各种社会关系的总和，是群居动物。人群体性生活不仅是指多数人聚集在一起，而且还指人类在一个集中的场域生活。人类的聚居历史已经经历了两种模式，第一种是工业社会以前自然友好型的聚居模式，第二种是工业化福特城市中的异化和病态性聚居模式，第三种是人类聚居模式的复归，即城市群，它是以天人合一的自然生态为背景，以可持续发展为根本初衷，遵循客观规律，真正实现了“城市让人生活更美好”“人诗意地栖居”的美好愿景。如果说农业社会的人主要生活在村落中、工业社会的人主要生活在福特城市中，那么信息化社会中的人主要生活在城市群这种共同体中。

关于城市群的含义，不同历史时期的学者有着不同界定。英国学者霍华德在《明日的田园城市》中提出的“田园城市”设想，是城市群概念的雏形，开创了人类

从城市群视角研究城市的先河。在霍华德那里,“田园城市”兼具城市和乡村优点,是城乡一体化的城市;占地 2400 公顷,人口 3.2 万人(3 万人是城镇居民,2000 人是农村居民);城市占地 400 公顷,位于中心地带;农村占地 2000 公顷,森林、耕地、果园、花园、疗养院、农业学院等,从四周包围着城市。当发展到一定规模,则由若干个田园城市围绕着一个大的田园城市,即人口约 6 万人,占地 4860 公顷的城市形成城市群。田园城市既有田园风光,又有现代都市色彩,反映了人们摆脱“城市病”困扰的渴求,以及对美好生活的期盼,带有乌托邦空想色彩。

1915 年,英国著名城市学家帕特里克·格迪斯在《进化中的城市:城市规划与研究导论》中把自然区域作为城市规划工作的基本框架,提出了“集合城市”的概念。1918 年,芬兰城市学家沙里宁提出了城市群是有机生命体的观点,认为城市群不是僵死的钢筋、水泥混合体,而是一种鲜活的、具有生命的有机体;城市发展的逻辑是从有序集中,走向无序疏散,亦即“有机疏散理论”。在此理论的指导下,沙里宁制定了著名的大赫尔辛基城市规划方案。1930 年,弗塞特提出了“城镇密集区”概念,所谓城镇密集区是指建有城市、发挥城市功能的一片连续区域,也就是说,城市密集区就是城镇建成区,郊区除外。1950 年,邓肯在《大都市与区域》中,首次提出了“城市体系”的概念,认为城市不是孤立存在的,而是以一个或几个城市为中心形成的相互联系、相互作用的城市体系。1957 年,法国地理学家简·戈特曼在《大都市带或东北沿海地区的城市化》一文中,提出了“大都市带”的概念。戈特曼认为大都市带的基本内涵是:范围广大,由多个发育成熟、各具特色的都市区镶嵌成自然、社会、经济、政治、文化等多方面的有机联系、分工合作的组合体,是城市群发育的最高级阶段。大都市带的空间识别标准有:第一,区域内城市较密集;第二,不少大城市形成都市区,核心与外围有密切的社会经济联系;第三,核心城市由方便的交通相连,各都市区之间无间隔,且联系密切;第四,必须达到相当大的总规模,人口在 2500 万以上;第五具有国际交往枢纽的作用。① 据此,戈特曼指出世界上有六大都市带:美国东北海岸城市集聚地带、欧洲巴黎—阿姆斯特丹—鲁尔三角区、东南英格兰地区、美加五大湖地区、日本东部太平洋沿岸、中国长江三角洲地区。

经过对东南亚发展中国家城市化进程深入研究之后,加拿大学者麦吉认为东南亚发展中国家与西方发达国家的城市化存在诸多不同点,他提出了“城乡融合

① 王丽、邓羽、牛文元:《城市群的界定与识别研究》,载《地理学报》,2013 年第 8 期。

区”(Desakotasi)概念。据周一星考证,“Desa”取自印尼语,意思是“乡村”;“kota”的意思是“城镇”;“si”意味着“过程”,这个词表达的意思是“乡村城镇化”。① 所谓城乡融合区是指“沿大城市核心间的交通走廊延伸的农业活动与非农业活动高度混合的区域”,这些地区已经出现类似西方大都市的空间结构。城乡融合区有六个特点:第一,有大量种植水稻的小农人口;第二,非农业互动增加,比如贸易、运输以及工业;第三,人口流动性强,利用摩托车、公共汽车、卡车等交通工具,进行远距离活动;第四,高度混合的农业用地,农业、村舍工厂与其他土地用途并存;第五,不断增加的女性参与到非农产业中;第六,存在着“灰色区域”,不按照劳工和工业的立法行事,存在着管理和控制不严的灰色地带。

日本把城市群称为都市圈,日本行政管理厅对都市圈的定义是:在一天内能接受城市服务的区域范围,中心城市由中央制定或者人口超过 100 万以上,外围地区到中心城市的通勤人口,不少于本地人口的 15%;大都市之间的货物运输量多于总运输量的四分之一。日本政府根据人口指标把都市圈分为以下几类:一是大都市圈,包括东京、中京、京阪神;二是地方都市圈,包括地方枢纽都市圈、地方核心都市圈、地方中心都市圈;地方枢纽都市圈包括仙台、静冈等五个政令指定城市,地方核心都市圈一般是都道府县的首府,地方中心都市圈是指小范围的经济政治中心。②

自 20 世纪 80 年代以来,国内学术界开始了城市群问题研究。20 世纪 90 年代初还没有城市群的概念,周一星在《中国的城市体系和区域倾斜战略探讨》一书中将其称之为“都市连绵区”。他认为,都市连绵区是以若干大城市为核心,大城市与周围地区保持强烈交互作用和密切社会经济联系,沿一条或多条交通走廊分布的巨型城乡一体化区域。③ 姚士谋在其著作《中国城市群》中使用了城市群概念,他认为城市群是在特定的地域范围内,具有相当数量的,不同性质、类型和等级规模的城市,依托一定的自然环境条件,以一个或两个特大或大城市作为地区经济的核心,借助于综合运输网的通达性,发生与发展着纯属个体之间的内在联

---

① 周一星:《“Desakota”一词的由来和涵义》,载《城市问题》,1993 年第 5 期。

② 韦伟、赵光瑞:《日本都市圈模式研究综述》,载《现代日本经济》,2005 年第 2 期。

③ 彭翀、顾朝林:《城市化进程下中国城市群空间运行及其机理》,东南大学出版社 2011 年版,第 9 页。

系,共同构成一个相对完整的城市“集合体”。[①] 刘静玉、王发曾认为,城市群是一个或几个核心大城市与若干个不同规模的城市、城镇,凭借物质性网络(交通运输网络、通信网络、电力网络等)和非物质性网络(市场网络)紧密联系起来的城镇区域系统。[②] 顾朝林认为,城市群是由若干个中心城市在各自的基础设施和具有个性的经济结构方面,发挥特有的经济社会功能,而形成一个社会、经济、技术一体化的、具有亲和力的有机网络。[③] 陈凡、胡娟认为,城市群是指在一定地区范围内,由各种不同等级规模的城市依托交通网络所组成的一个相互制约、相互依存的一体化城市网络。[④] 吴传清、李浩认为,城市群是特定地域内伴随工业化出现的若干不同性质、类型和等级规模的城市基于区域经济发展和市场纽带而形成的城市网络群体。[⑤] 代合治认为,城市群是由若干基本地域单元构成的连续区域,城市群区域应该具有较高的城市化水平;中国的城市群实质上是城市行政区,以及城市行政管理的辖区。[⑥] 王丽、邓羽、牛文元认为,城市群是指在特定的区域范围内,各城市依托基础条件,按照一定的结构发生紧密联系,共同构成的地域整合体。[⑦] 苗长虹、王海江认为,城市群是指在一定规模的地域范围内,以一定数量的超大或特大城市为核心,以众多中小城镇为依托,以多个都市区为基础,城镇之间、城乡之间紧密联系而形成的具有一定城镇密度的城市功能地域。[⑧]

综上所述,国内外学者关于城市群内涵的相同之处在于以下几点:第一,城市群处于一定区域内;第二,城市群不是一盘散沙,而是一个集合体,在经济、政治和文化等方面相互依存、相互促进;第三,城市群存在着中心和边缘的区分,一个或多个核心城市是中心,次要的城市或者城镇是边缘;第四,城市群是以各种物质性网络和非物质性网络为纽带构成的有机体。我们可以看出,国内外学术界依然从“福特城市”的角度界定城市群概念,本质上是工业化时代的城市群,而不是信息

① 彭翀、顾朝林:《城市化进程下中国城市群空间运行及其机理》,东南大学出版社 2011 年版,第 9 页。

② 刘静玉、王发曾:《城市群形成发展的动力机制研究》,载《开发研究》,2004 年第 6 期。

③ 彭翀、顾朝林:《城市化进程下中国城市群空间运行及其机理》,东南大学出版社 2011 年版,第 9 页。

④ 陈凡、胡娟:《中外城市群与辽宁带状城市群的城市化》,载《自然辩证法研究》,1997 年第 10 期。

⑤ 吴传清、李浩:《国外城市群发展浅说》,载《经济前沿》,2003 年第 5 期。

⑥ 代合治:《中国城市群的界定及其分布研究》,载《地域研究与开发》,1998 年第 2 期。

⑦ 王丽、邓羽、牛文元:《城市群的界定与识别研究》,载《地理学报》,2013 年第 8 期。

⑧ 苗长虹、王海江:《中国城市群发展态势分析》,载《城市发展研究》,2005 年第 4 期。

化时代以人为核心的城市群。“福特城市”是人口、资本和产业高度密集化的工业城市,它是由无数空间碎片拼贴出来的社会马赛克,其中包含着各种矛盾冲突、异化与非正义,其显著标志是“遍地烟囱冒烟”和笼罩着白茫茫的工业化雾霾。我们认为,城市群的核心是人,它是人类理想的生活乐土,是由一个或者几个核心城市与众多等级不同的城市、城镇为子系统而共同组成的开放的复杂巨系统。“开放的复杂巨系统”是钱学森提出的一个系统论概念,他根据组成系统的子系统种类以及关联关系的复杂程度,把系统分为简单系统和复杂系统两类。简单系统是指组成系统的子系统数量较少,关联关系比较简单,比如一台电脑就是一个简单系统。如果子系统种类很多并有层次结构,它们之间关联关系又很复杂,这就是复杂巨系统。如果这个系统又是开放的,就称作开放的复杂巨系统。①

二、以人为核心,规划和建设新型城市群

按照亨利·列斐伏尔的观点,规划和建设新型城市群,实质上是人们在从事一种实践活动,即空间生产活动。在工业时代,人们以资本为核心,受利润最大化逻辑的支配,生产出传统的福特城市群。福特城市群患上各种“城市病”,如住房短缺、居住空间异化、生态环境恶化等问题。当今社会已经步入信息化时代,新型城市群不再以资本为核心,而是以人为核心;城市群不是一群城市的机械相加,而是一个巨型的开放系统,它们相互连接,功能互补,整体功能大于部分功能之和。马克思说人是激情的存在物。人为城市注入了活力和激情,赋予其生命。一旦离开了具有热情和激情的人,城市不过是砖头、瓦块、钢筋、混凝土等冰冷的堆积物。以人为核心的新型城市群,意味着城市群的建设和发展,依靠人、为了人,广大人民群众共享城市群发展和建设的成果。

(一)根治“城市病”,让人们安居乐业

当前我国很多城市,尤其是特大城市患上了严重的“城市病”。北京、上海等城市的“病情”表现为人口过度膨胀,雾霾天气频现,交通日益拥堵,房价持续高涨,资源环境承载力严重不足等,影响了人民的日常生活质量。京津冀地区面积

---

① 钱学森、戴汝为:《论信息空间的大成智慧》,上海交通大学出版社 2007 年版,第 84 页。

21.6万平方千米，人口1.1亿人，占中国960万平方千米总面积的2.3%，占13.7亿总人口的8%。北京、天津人口高度密集，人口密度分别为1311.1人/平方千米和1289.8人/平方千米，均为河北省393.4人/平方千米的3倍以上，是全国平均水平142.1人/平方千米的9倍以上。2014年末，北京全市常住人口为2151.6万人，全市常住外来人口为818.7万人。① “城市病”的实质是，传统福特型城市群的聚集效应，将人口过度集中于城市，使得城市承载力接近或者超过临界点而引发的一系列问题。中医的治病机理在于从整体、系统的视角查找病因，辩证治病，治本治标，根除病患。同样，“城市病”的产生也是系统性的，不能孤立地看问题，需要从城市群和区域联动的视角消除城市病。中华人民共和国成立以后尤其是改革开放以来，在“控制大城市规模、合理发展中等城市、积极发展小城市”方针指导下，城市数量增多引起了城镇化水平质变，吸纳了大量农村劳动力转移就业，提高了城乡生产要素配置效率，推动了国民经济持续快速发展，带来了社会结构深刻变革，取得的成就举世瞩目。2015年4月30日，中央政治局会议审议通过了《京津冀协同规划纲要》，从顶层设计了京津冀协同发展的网络型空间格局。

《京津冀协同规划纲要》提出，以“功能互补、区域联动、轴向集聚、节点支撑”为布局思路，以“一核、双城、三轴、四区、多节点”为骨架，推动有序疏解北京非首都功能，构建以重要城市为支点，以战略性功能区平台为载体，以交通干线、生态廊道为纽带的网络型空间格局。② 网络型空间格局是党中央绘制的一幅宏伟蓝图，由点、线、面组成。“一核”“多节点”是点，包括核心城市北京和石家庄、唐山、保定、邯郸等区域性中心城市以及张家口、承德、廊坊、秦皇岛、沧州、邢台、衡水等节点城市；“三轴”是线，包括京津、京保石、京唐秦三个产业发展带和城镇聚集轴；“双城”“四区”是面，包括北京和天津这两个拉动区域发展的动力引擎，以及中部核心功能区、东部滨海发展区、南部功能拓展区和西北部生态涵养区；点、线、面共同组成一个“开放的复杂巨系统”。在这个城市系统中，各个子系统功能各异：北京市是“全国政治中心、文化中心、国际交往中心、科技创新中心”；天津市是“全国先进制造研发基地、北方国际航运核心区、金融创新运营示范区、改革开放先行区”；河北省是“全国现代商贸物流重要基地、产业转型升级试验区、新型城镇化与城乡统筹示范区、京津冀生态环境支撑区”。

---

① 邓琦、金煜、饶沛：《京津冀协同发展规划纲要获通过》，人民网，2015年5月1日。

② 邓琦、金煜、饶沛：《京津冀协同发展规划纲要获通过》，人民网，2015年5月1日。

目前北京市既承担着首都功能，又承担着非首都功能，聚集了众多人口，负载量过大，不堪重负。党中央清楚地认识到北京"城市病"的病因在于负载功能过多，唯有疏解北京的非首都功能，发挥好首都功能，才能"药到病除"，获得新生，成为新增长极。北京大学政府管理学院副院长李国平认为，北京的非首都功能主要是指部分相对低端、低附加值的经济管理功能和服务功能，包括影响首都职能发挥的污染性制造业和那些占地面积多、顾客流量大的批发市场等部分第三产业，部分教育、医疗、培训机构等社会公共服务功能，部分行政性、事业性服务机构和企业总部等四类非首都功能。临近北京的河北区县，如沧州、燕郊等，是疏解非首都功能的优先选择地区。① 空间具有本体论功能，是任何事物存在和生长的必备条件。在京津冀协同发展的网络型空间中，京津冀城市群将会成为人们"诗意地栖居"之地，人们的生活将变得更加美好。

（二）协同开发智力资源，实现城市群集约型发展

城市群具有社会历史性，其发展模式因社会历史条件差别而迥异。在工业社会，城市群的发展模式是粗放型的，表现为单纯的数量扩张，其支柱产业是劳动密集型、资源消耗型的传统制造业，不仅占据了大量城市空间，而且因过度消耗资源，带来了环境污染等问题。在信息社会，城市群呈现出集约型发展模式，其支柱产业是开发智力资源的智慧制造业。城市群中高素质人口众多，智力资源丰富，为智慧制造提供了取之不尽的宝藏。新型城市群建设，迫切需要制造业升级换代，融合先进信息技术，形成智慧制造模式。华南理工大学姚锡凡教授首次提出"智慧制造"概念。他认为智慧制造是信息化与工业化深度融合后的一种新型工业形态，强调采用"智慧"技术整合与优化制造企业的设计、生产、管理、服务和商务等各个环节，提升制造业的综合竞争能力，体现了制造技术从机械化、自动化、数字化走向智慧化的发展趋势。②

智慧制造的基础是四大支柱网络，即物联网、务联网、知识网和人际网。智慧制造的中心环节是"业务流程"，即产品的生产、加工环节。"业务流程"根据人们对某种产品的需求，聚集企业员工、专家群体和计算机的智慧，把人、机、物结合起

---

① 王红茹：《专家解读〈京津冀协同发展规划纲要〉看点》，载《中国经济周刊》，2015 年 5 月 11 日。

② 姚锡凡等：《智慧制造——面向未来互联网的人机物协同制造新模式》，载《计算机集成制造系统》，2014 年第 6 期。

来，生产个性化产品。智慧制造业根据客户的订单和现实需求，购买原料，加工产品，有明确的服务方向和目标。不像传统制造业那样，根据潜在的市场需求，安排生产过程。因此，智慧制造没有庞大的商品堆积，不需要大仓储区储存原料和产品，厂区占地面积少。务联网提供服务信息，知识网提供知识、智慧；物联网利用传感器和普适计算获得资源状态和环境信息，人际网提供专家和员工的智慧。所有四大网络提供的信息，组成信息池，服务于“业务流程”。“业务流程”把机器智能、普适智能、社会职能和人的经验结合起来，在信息世界、物理世界和社会世界组成的超世界环境中，人机物共同决策和行为响应，为客户提供个性化的制造服务或产品（如图 4－4 所示）。① 总之，智慧制造是一种面向服务、基于知识运用的

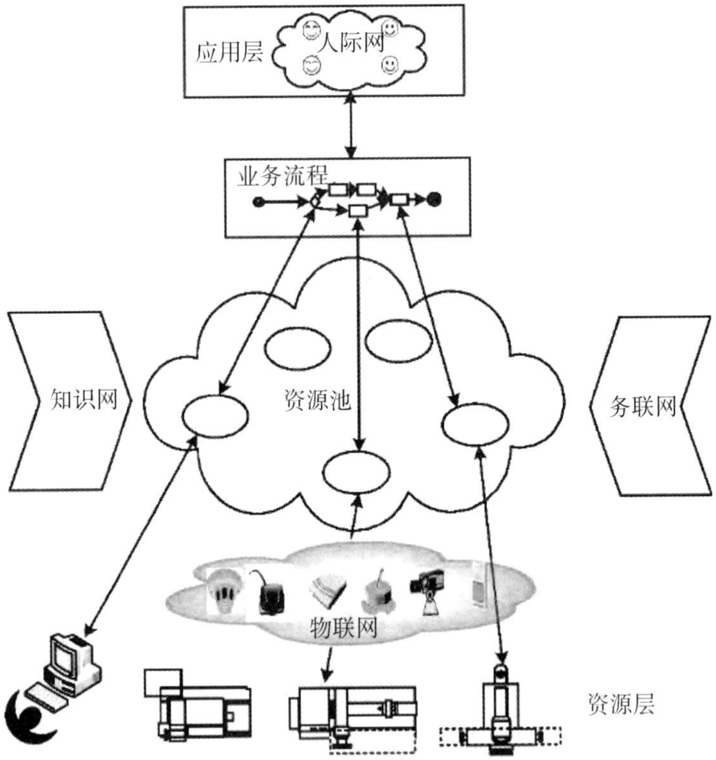

图 4－4 智慧制造示意图

① 姚锡凡等：《智慧制造——面向未来互联网的人机物协同制造新模式》，载《计算机集成制造系统》，2014 年第 6 期。

人机物协同制造模式,在务联网、物联网、知识网、人际网和先进制造技术等支持下,将各种制造资源链接在一起,形成统一的资源池,根据客户个性化需求和情景感知,在人机物共同决策下作出智能的响应,为客户提供定制化的、按需使用的、主动、透明、可信的制造服务。①

城市群健康发展的新路在于产业转型,发展智慧制造业。习近平总书记说:"老路走不通,新路在哪里?就在科技创新上,就在加快从要素驱动、投资规模驱动发展为主向以创新驱动发展为主的转变上。"②智慧制造业依赖于智力资源,工人不再是体力劳动者,而是受过专业技术教育的人。城市群是人才培养和开发的重要平台。"三螺旋理论"认为,高水平智力资源需要高校、企业和政府三者协同培养。美国社会学家亨利·埃茨科威兹和罗伊特·雷德斯多夫在总结美国城市群发展经验的基础上,提出了协同育人的"三螺旋理论"。"三螺旋理论"的动力路径包括横向资源整合和纵向分化演进两个方面。横向资源整合意味着创新要素在高校、企业和政府之间循环,在高校的内循环系统中,输入的是学生、信息流、资源流,通过培养教育,产品是人才、科研成果;在企业的内循环系统中,输入的是新技术、新材料、高水平工人,经过企业加工,变成产品和服务;在政府内循环中,输入的是信息、市场情况等,产品是法律、政策和服务等。三方的联系界面越大,协同度越高,质量和效益就越好。在纵向上,三螺旋系统演进倾向于分化。在三螺旋系统中,横向上的资源整合与循环同纵向上的分化相伴随,使得三螺旋协同育人系统,在质和量上互变互生,呈现螺旋上升态势。③ 在京津冀城市群中,高校、企业、政府协同育人成效显著。在政府推动下,北大、清华等高校与天津、河北的合作也越来越密切,仅北大就与天津各企事业单位、高校、科研机构合作项目170余个,与河北各企事业单位、高校、科研机构合作项目160余个,创造出许多高科技产业。

(三)新型城市群

城市群本质上是一个共同体。"共同体"一词,在希腊语中为koinonia,在拉丁

① 姚锡凡等:《智慧制造——面向未来互联网的人机物协同制造新模式》,载《计算机集成制造系统》,2014年第6期。

② 《习近平谈治国理政》,外文出版社2014年版,第120页。

③ 陈桂香:《高校、政府、企业联动耦合的创新创业型人才培养机制形成分析——基于三螺旋理论视角》,载《大学教育科学》,2015年第1期。

语中为 societas,德语是 Gemeinshaft,英语是 Community,包含有团体、集体、联盟以及联合、结合、联系等意思,意味着某个群体是一种有机的联合或整体,不是一种孤立的、内斗的、原子式的乌合之众。亚里士多德认为,共同体的目的应是善,"所有的共同体都是为着某种共同的善而建立的",[①] 共同体就是城邦。空想社会主义者的理想社会,如傅立叶的"法郎吉"、欧文的"劳动公社"、圣西门的"实业制度"等,其主体都是城市。马克思在谈及共产主义社会时,使用的概念则往往是"共同体"(Gemeinschaft)或"联合体"(Assoziation),而不是通常意义上的"社会"(Gesellschaft),主要是指城市共同体。总之,"共同体"是人们以城市为主要平台,生产、创造的一种互联互通的生活空间。费孝通把共同体称为"礼俗社会",即一种并没有具体目的、只是因为在一起生长而发生的社会,是"有机的团结"。[②] 现代城市是"共同体"的典型样式,是人们"同呼吸、共命运"的共同体。"同"意味着"通""联通""同城化",命运共同体各组成部分之间相互联通,包括政策沟通、贸易畅通、道路联通、人心相通等内容;"命运"意味着关乎人们的生存和发展。中国地缘辽阔,有长三角城市群、珠三角城市群、京津冀城市群、长江中游城市群和成渝城市群等国家级城市群,但以经济实力而言,最重要的空间集群(spatial agglomeration),无疑是分布在长江三角洲和珠江三角洲两个湾区的城市群。

我国的各个城市群之间尤其是城市群内部,已经组成了同呼吸、共命运的共同体。2015 年 4 月 30 日中央政治局会议审议通过的《京津冀协调发展规划纲要》提出了构建京津冀城市群命运共同体的网络型空间格局。京津冀城市群命运共同体在经济方面,以北京向天津、河北转移非首都功能为契机,向产业分工明确、作用特点鲜明、产业层级分明、统一产业分工方向发展。北汽集团黄骅整车项目建成投产,北京现代汽车第四工厂 25 万辆整车项目于 2015 年 4 月在沧州动建,曹妃甸千万吨炼油项目已核准;曹妃甸协同发展示范区、张承生态功能区、天津滨海—中关村科技园等重点合作平台加快建设。在交通方面,北京新机场加快建设,石家庄机场纳入首都机场集团统一管理;京津城际延长线和津保铁路已于 2015 年 10 月底前完成联调联试;张唐铁路已于 2015 年建成,京张铁路、丰台站改造工程前期工作加快推进,2015 年已经开工建设;首都地区环线高速、京秦高速、

---

① 《亚里士多德全集》第 9 卷,苗力田译,中国人民大学出版社,1994 年版,第 3 页。

② 侯才:《马克思的"个体"和"共同体"概念》,载《哲学研究》,2012 年第 1 期。

京台高速等一批“断头路”“瓶颈路”段正在打通或扩容。生态环保方面，支持张承地区生态保护和修复的指导意见印发实施，三省市制定了2015—2017年植树造林实施方案，已将山东、河南毗邻河北部分区域纳入京津冀大气污染防治范围，建立区域联防联控污染机制。

第五章

以人为核心的智慧城市

1990 年,在美国加州旧金山举行的一次国际学术会议上,以“智慧城市(smart cities)、快速系统(fast systems)、全球网络(global networks)”为主题,探讨了城市如何通过信息技术形成智慧以增加城市竞争力等问题。会议论文集《科技社会的一种现象:智慧城市、快速系统、全球网络》,是研究智慧城市的最早文献。2007 年,欧盟在《智慧城市报告》中首次提出“智慧城市”的创新构想,并在两年后付诸实施。2008 年美国 IBM 公司提出“智慧地球”“智慧地球赢在中国”等概念,建议中国优先建设智慧电力、智慧医疗、智慧城市、智慧交通、智慧供应链、智慧银行等行业。2009 年,美国的迪比克市建设成为世界上第一个智慧城市,利用物联网技术,在一个有 6 万居民的社区里将各种城市公用资源(水、电、油、气、交通、公共服务等)连接起来,监测、分析和整合各种数据以做出智能化的响应,更好地服务市民。2009 年,温家宝在北京科技界大会上发表题为《让科技引领中国可持续发展》的讲话,提出了“物联网”“智慧地球”等智慧城市的关键概念。目前,“推进智慧城市建设”已被列入《国家新型城镇化规划(2014—2020 年)》,明确了新型城镇化建设方向。理论是行动的先导,实践需要理论指导。为推进智慧城市建设,有必要澄清智慧城市的含义、建设智慧城市的缘由以及如何建设智慧城市等理论问题。

一、智慧城市释义

(一)智慧辨义

古往今来,人们爱智慧、追求智慧,在实践活动中不断丰富智慧概念的内涵和外延。无论在古希腊、古罗马，还是在古代中国，智慧的主体是人或者神，而不是动物、工具和城市。青年马克思认为，人的智慧在于自由选择，动物没有神性，只能被动地适应所处环境，不能自由地选择、改变它，更谈不上拥有智慧，因为“自然本身给动物规定了它应该遵循的活动范围，动物也就安分地在这个范围内活动，不试图越出这个范围，甚至不考虑有其他什么范围的存在”①。

在古希腊，“智慧”概念带有神性，它总是与“逻格斯”、道、规律、神等概念联系在一起。最早使用“智慧”概念的是赫拉克利特。赫拉克利特认为，智者不按照自己的主观意志或者他人指示从事实践活动，而是遵循“逻格斯”行事。赫拉克利特说：“如果你不听从我本人而听从我的‘逻格斯’，承认一切是一，那就是智慧的。”②逻格斯是一，“一就是神”。在古希腊德尔菲神庙前的一块石碑上，镌刻着一句箴言“认识你自己”，意在警醒世人尤其是朝拜者：要摆正自己的位置，不要误以为自己的智慧高于神。受德尔菲神谕的启发，苏格拉底形成了自己的智慧观：“自知无知的人是最有知的。”③意思是说，智慧具有神性，属于智慧女神，人们获得智慧的前提条件是谦虚、谨慎的态度。亚里士多德认为，与其说智慧是人们拥有的认识和改造世界的能力，不如说是人们获得的学问、知识和真理。在《形而上学》中，亚里士多德从知识视角首次界定了智慧的定义：“这样看来，有关某些原理与原因的知识就是智慧。”④总之，在古希腊人们对智慧概念的界定偏重于知识，而不是技能，换而言之，古希腊人的智慧观主要是形而上的“道”，而非形而下的“器”。

在古代中国，“智慧”或者分开的“智”“慧”意味着聪明、才智、能力等含义，老子说：“智慧出，有大伪。”（《道德经·十八章》）孟子说：“虽有智慧，不如乘势。”（《孟子·公孙丑上》）。荀子说：“君子博学而日参省乎己，则知明而行无过矣。”（《荀子·劝学》）在中国思想史上，贾谊第一次界定了智慧定义：“深知祸福谓之智，反智谓愚；亟见窕察谓之慧，反慧谓童。”（《新书·道术》）就是说，智慧是人们对未来祸福的深刻预见和敏捷把握的思维能力。在佛学中，智慧，二者或连用，或者分开，是梵文“般若”和“若那”的音译。智慧意味着破除人生迷惑、破除“我执”

---

① 许庆朴等：《马克思主义原著选读》，高等教育出版社 1999 年版，第 3 页。

② 北京大学哲学系外国哲学史教研室：《西方哲学原著选读》，商务印书馆 2005 年版，第 22—23 页。

③ 郭明俊：《哲学的智慧与智慧的哲学》，载《学术研究》，2008 年第 10 期。

④ 〔古希腊〕亚里士多德：《形而上学》，黄颖译，时事出版社 2014 年版，第 5 页。

的能力,包括判断、辨析、洞察、彻悟。如“般若”,有彻悟之意;“若那”,泛指一切有分析和有决断性的认识能力。在《现代汉语词典》(1991)中,“智慧”的含义是:辨析判断、发明创造的能力。总之,中国人对智慧的理解偏重于“能力”“技能”,即认识和解决问题的能力。

对于智慧的理解,西方人侧重于知识,东方人注重能力。事实上,单纯知识不是智慧,拥有高超的技能也不是智慧的完整含义。赫拉克利特说:“博学并不能使人智慧。否则他已经是赫西阿德、毕泰戈拉以及克塞诺芬尼和赫卡泰智慧了。”① 那么,智慧是知识还是能力?抑或二者结合?我们认为,智慧概念有结构性和层次性,智慧是知识和能力的结合,既是形而下之“器”,又是形而上之“道”。在郭明俊看来,智慧分为三种:常识智慧、科学智慧和哲学智慧。② 常识智慧是人们在日常生活中表现出来的智谋、才智、技能,属于形而下“器”的范围。例如庖丁解牛时游刃有余的刀法,诸葛亮灵机一动计上心来的妙计等。科学智慧是一个人在某一专业领域表现出来的预见、发明和创新等能力,也是形而下之“器”。例如牛顿、爱因斯坦、陈景润等人的杰出科学智慧。哲学智慧是对事物本质、规律的把握,是对“天道”和“人道”的领悟,是一种精神境界。例如马克思、恩格斯、海德格尔等人的哲学智慧。

随着以电子计算机为核心技术的第四次科技革命蓬勃兴起,智慧主体的外延得以丰富。智慧的主体既包括人,也包括机器尤其是电子计算机。电子计算机的智慧在于理性认识,有着人类难以企及的抽象思维能力、运算能力,然而电子计算机在形象思维方面是弱智,甚至不如猪、狗、猫等动物“聪明”。传统智慧的生成方式需要一个长久时间,需要从幼儿园到大学的学习过程。在这个过程中,教师传道、授业、解惑,学生学习知识、技能,获得智慧。然而人脑是肉体的一部分,不仅容易老化、死亡,而且容量遗忘知识。钱学森设想,如果把电子计算机的抽象思维能力与人的形象思维能力有机结合起来,实现“人机一体化”,获取“大成智慧”,就能培养出超一流的创新人才“新人类”。为此,钱学森设计了“教学研讨厅系统”,它由教师和学生、现代科学技术体系、电子计算机体系三者共同组成。在这个研讨厅系统中,教师不是单向地灌输知识,而是以主持人角色与学生平等地研

① 北京大学哲学系外国哲学史教研室编:《西方哲学原著选读》,商务印书馆 2005 年版,第 26 页。

② 郭明俊:《哲学的智慧与智慧的哲学》,载《学术研究》,2008 年第 10 期。

讨、交流现代科学知识，充分发挥人在心智、经验、形象思维方面的高超能力，形成认识和解决问题的群体智慧；现代科学技术体系为教师和学生的研讨提供充分的信息和数据；电子计算机体系由教师和学生使用的电子计算机软硬件以及为教学服务的各种服务器组成，电子计算机体系的作用在于它高性能的数据运算和逻辑运算能力，能及时地检验和纠正教师和学生研讨的问题。这样，教学研讨厅系统就"集大成智慧"，即汇集了教师和人的"心智"、古今中外人的智慧以及电子计算机的"性智"，形成了一个"人—机结合"的"智慧大世界"。钱学森预言："将会出现一个'新人类'，不只是人，是'人—机结合'的'新人类'！"[①]

（二）什么是智慧城市

自 20 世纪 90 年代，人们提出"智慧城市"概念以后，城市就成为智慧的主体，而非客体。也就是说，拥有大脑的人，安装了"电脑"的机器，以及铺设了"互联网""物联网"的城市等都具有智能、智慧。关于智慧城市的定义，国内外学术界从不同视角加以界定，众说纷纭。

在国外，人们基于两个学术思潮提出了智慧城市概念。一是信息和通信技术对城市发展的影响，以美国城市规划学者曼纽尔·卡斯特的"信息时代三部曲"为代表。曼纽尔·卡斯特认为，信息时代引入了一种新都市形式，即信息化城市；由于新社会的特性，即以知识为基础，围绕着网络而组织，以及部分由流动所构成，信息化城市是一种过程，这个过程的特征是流动空间的结构性支配。[②] 二是关于城市智慧增长的研究。智慧增长是 20 世纪 90 年代起源于美国的城市规划流派。二战后，美国城市的蔓延式扩张产生了诸多城市病，如人口拥挤、高楼林立、环境污染、城市空间分异等问题，一些学者提出了智慧增长思想，包括城市集约型发展、鼓励公交车和非机动车辆出行、保护城市环境、发展保障性住房等，实现城市公平正义。智慧城市概念整合了这两种学术思潮，力图通过运用信息和通信技术让城市智能化，实现城市正义和可持续发展。IBM 关于智慧城市的定义是：能够充分运用信息和通信技术手段感测、分析、整合城市运行系统的各项关键信息，从而对包括民生、环保、公共安全、城市服务、工商业活动在内的各种需求做出智能

---

① 钱学森、戴汝为：《论信息空间的大成智慧》，上海交通大学出版社 2007 年版，第 208 页。

② 〔美〕曼纽尔·卡斯特：《网络社会的崛起》，夏铸九、王志宏译，社会科学文献出版社 2006 年版，第 373 页。

的响应，为人类创造最美好的生活。① 意大利学者帕帕认为，智慧城市包含三个导向，即以技术为中心、以人为本以及两者的结合。② 迈克尔·巴蒂认为智慧城市包含两方面含义，一是通过设备在不同空间范围的配置以及多层级网络连接，提供关于人和物的动态连续数据，并形成城市物质与社会空间的决策信息流；二是通过开发智能技术使得这些数据能根据具体目标进行整合和综合，实现城市智能化。③

国内学术界主要从城市智能化方面界定智慧城市。张琴认为，智慧城市是指通过对城市社会系统如公共服务、能源、电力、交通等进行智能化改造，有效减轻城市压力，实质是把智慧城市等同于智能城市。王世伟从全球智慧城市建设的实践进行分析和概括，将智慧城市定义为："以数字化、网络化和智能化的信息技术设施为基础，以社会、环境、管理为核心要素，以泛在、绿色、惠民为主要特征的现代城市可持续发展理念和实践。"④吴胜武、闫国庆认为，智慧城市是以智慧的方法通过新一代信息技术来改变政府、社区或公司和人们相互交互的方式，以提高交互的明确性、效率、灵活性和响应速度。智慧的方法，具体表现在更透彻的感知、更广泛的交互、更深入的智能化三个方面。更透彻的感知意味着：通信设备的普及与便利化，信息的传输量成几何级数增加，使人们感知现实世界的信息更为快捷、方便与灵活；无线射频识别技术的广泛应用；先进传感技术已经被应用到整个生态系统中，如城市交通、物流配送、医疗保健、城市水务、大气监测、河流治理、社区治安等城市生活的各个环节中，使人们对城市空间、自然环境和社会环境的感知更为敏锐。更广泛的交互是指，网络的普及、HSPA（调整分组接入）技术的应用、"三网融合"（电信、电力、电视）"三屏融合"（电视、电脑、手机），使数以万计的事物如汽车、家电、道路、管道甚至医药品和农副产品通过网络互联，让人们感知现实世界无处不在。更深入的智能化意味着超级计算机的大量应用，人们可以通过它对现实世界的海量数据进行及时处理、分析和预测，并从中挖掘出新的规律，

① 参见陈伟清等：《国内外智慧城市研究及实践综述》，载《广西社会科学》，2014 年第 11 期。

② 董宏伟、寇永霞：《智慧城市的批判与实践——国外文献综述》，载《城市规划》，2014 年第 11 期。

③ 参见〔美〕迈克尔·巴蒂：《未来的智慧城市》，赵怡婷、龙瀛译，载《国际城市规划》，2014 年第 6 期。

④ 上海社会科学院信息研究所：《智慧城市词典》，上海辞书出版社 2011 年版，第 2 页。

对城市突发事件进行智慧处置。[①] 陈伟清认为,智慧城市是在充分运用先进现代信息技术的基础上,对城市实现智慧化管理,为城市发展创造一个便捷、舒适和灵活的生产生活环境,最终实现城市的可持续发展。[②] 若英认为,智慧城市就是把信息技术与城市建设融合在一起将城市信息化推向更高阶段;它基于互联网、云计算、大数据、物联网、社交网络等工具和方法,实现全面透彻的感知、宽带泛在的互联和智能融合的应用。[③] 董宏伟、寇永霞认为智慧城市包括六个方面的核心内容,即智慧技术、智慧设施、智慧人民、智慧制度、智慧经济、智慧环境。[④]

综上所述,国内外学术界从不同角度界定了智慧城市定义,突出了城市的智能性,比较科学。然而,他们的智慧城市定义存在两个缺陷:一是以服务和基础设施为核心;二是以信息数据为核心。这两个缺陷赋予了智慧城市的工具理性特质:见物不见人,人被技术异化为客体和工具。我们认为,智慧城市是人们将信息技术与城市建设有机融合在一起,规划、建设的一种以人为核心的新型城市形态。智慧城市实质上是城市的"人格化",即智慧城市如同人一样具有智慧,能迅速、灵活、正确地感知和解决所面临的各种问题。若要正确理解"以人为核心的智慧城市"的含义,要明确两点:第一,智慧城市类似"智慧人""智者",具有感知和认识能力。城市凭借物联网,采用信息感应技术和网络技术,感知"网"的状况,获得感性认知,实现对"物"的高效控制、运行和管理;城市借助云计算等强大的数据计算处理能力,智能地处理所感应到的信息,实现从感性认识到理性认识的飞跃;理性认识运用于现实,通过信息技术的应用,实现智能交通、智能管理、智能决策、智能教育等全方位发展,达到一种人与人、人与物、物与物之间无障碍联系状态,城市让人生活得更美好。第二,人是智慧城市的核心。从字面上看,智慧城市的核心是"智慧",即运用现代信息技术,让城市像人一样有智慧。拥有高超"智慧"的计算机、城市等物体,它们的智慧在某些方面远远高于人的智慧,但是它们毕竟是物,而不是具有主观能动性的人。马克思说:"蜘蛛的活动与织工的活动相似,蜜蜂建筑蜂房的本领使人间的许多建筑师感到惭愧。但是,最蹩脚的建筑师从一开

---

① 参见吴胜武、闫国庆:《智慧城市——技术推动和谐》,浙江大学出版社 2010 年版,第 10 – 11 页。

② 参见陈伟清等:《国内外智慧城市研究及实践综述》,载《广西社会科学》,2014 年第 11 期。

③ 参见若英:《什么是智慧城市?》,载《红旗文稿》,2014 年第 12 期。

④ 参见董宏伟、寇永霞:《智慧城市的批判与实践——国外文献综述》,载《城市规划》,2014 年第 11 期。

始就比最灵巧的蜜蜂高明的地方，是他在用蜂蜡建筑蜂房以前，已经在自己的头脑中把它建成了。”[①]人制造了计算机、城市，并赋予其“智慧”，它们都是服务于人的工具。总之，人是智慧城市的核心意味着智慧城市建设依靠人，智慧城市的成果为了人，促进人的全面发展。

二、建设以人为核心的智慧城市的缘由

当前，世界各国尤其是欧美发达国家，都在积极推动智慧城市建设，成效显著。资本主义国家智慧城市建设的基本原则是以物为核心，而不是以人为核心，它们的所谓智慧城市带有强烈的“工具理性”色彩，不仅成为剥削和压迫人的工具，而且患有严重的城市病。真正意义的智慧城市不是病态的，而是健康的，因为它有强大的自动防御和修复功能。因此，我国的智慧城市建设在借鉴世界各国先进经验的同时，也要杜绝城市病的发生，扬弃以资本和技术为核心的资本主义城市建设方式，构建以人为核心的新型智慧城市。

（一）扬弃“以资本为核心”的传统工业城市

在追逐利润最大化的资本逻辑支配下，形成了传统工业城市，也就是说传统工业城市是“以物、资本为核心”，而不是“以人为核心”。唯物主义认为，事物存在于时间和空间中，具有时间性和空间性，资本也不例外。国内学术界深入地研究了资本本性，当前多数学者，如梅建军把“增殖”“贪婪性”当成资本的本性。[②]许全兴认为，资本是一切罪恶之源；[③]陈学明则把生态问题归结于资本增殖逻辑。[④] 笔者认为，当前学术界在一定程度上，误解了资本本性：一是把西方资本的贪婪性这一个性当成资本的“类本性”，当然西方资本和社会主义公有制企业资本也具有本质区别；二是只强调资本的时间性，即通过占有他人的劳动时间实现增殖，而忽略了资本的空间性。

---

① 《马克思恩格斯文集》（第5卷），人民出版社2009年版，第208页。

② 梅建军：《资本及其本性、生命与本质》，载《山西大学学报》，2000年第3期。

③ 许全兴：《构建和谐社会要从正确解决社会基本矛盾着眼》，载《理论视野》，2007年第5期。

④ 陈学明：《资本逻辑与生态危机》，载《中国社会科学》，2012年第11期。

资本的空间性意味着资本有着强烈的空间扩张欲望。亨利·列斐伏尔说:资本总是不停地“占有空间,并生产空间”①。资本“占有空间”意味着资本不仅占有一定的空间位置,而且意味着它只有在空间中,尤其是在适宜的空间中持续不断地循环、周转,才能更好地生存并实现最大化增殖。货币资本在市场空间中购买生产资料和劳动力,商业资本在市场空间中把带有剩余劳动时间的商品交换出去,实现增殖。资本的革命性意义在于它力求冲破一切阻力、障碍,拓展、占据一个理想化空间形态,因为那里有低价的原料、廉价劳动力以及健全、统一的市场。资本“占有空间”,是扩张和集聚过程的结合,它向世界各地持续扩张,“奔走于世界各地,到处安家落户,到处开发,到处建立联系”。“一句话,它按照自己的面貌为自己创造出一个世界”②,在某一合适的区域集聚,形成传统工业城市。资本“占有空间”属于资本的第一级循环,意味着资本主义生产是传统生产方式,即“空间中的生产”(production in space)。在“空间中的生产”中,资本把工厂、厂房以及住房等城市空间当成辅助性的固定资本,通过剥削工人的剩余劳动,生产出包含剩余价值的商品而发家致富。由于资本主义生产无限扩大化趋势与劳动人民购买力之间矛盾尖锐后,便会产生经济危机。马克思在《资本论》中认为,资本主义经济危机是资本主义不治之症,资本主义必然灭亡,共产主义必然胜利。大卫·哈维对此持有异议,他认为资本具有极大弹性,当第一级循环出现问题时,便切换至第二级循环,即从生产领域转向城市建成环境领域,利用“时空修复手段”(spatio - temporal fix),解决剩余资本和劳动力的吸收问题,赚取更多利润,重获新生。③

资本“生产空间”即“空间的生产”(production of space),属于资本的第二级循环,意味着资本投资于城市建成环境,通过生产道路、桥梁、港口、房屋等空间产品获取利润。当今时代的主要生产方式已经由“空间中的生产”转变为“空间的生产”,由第一部类和第二部类的生产资料和消费资料产品,转变为空间产品,剩余价值的载体从传统的消费品,转移至空间产品。城市空间被私有化、商品化,变成了可带来利润的新商品。大规模的“空间的生产”导致城市外延式扩张,表现为

---

① Edward W. Soja, *Postmodern Geography: the Reassertion of Space in Critical Social Theory*, Verso, 1989, p. 91.

② 《马克思恩格斯文集》(第 2 卷),人民出版社 2009 年版,第 35、36 页。

③ 参见〔美〕大卫·哈维:《资本社会的 17 个矛盾》,许瑞宋译,中信出版社 2016 年版,第 164 页。

“城市的急速扩张、社会的普遍都市化,以及空间性组织的问题等各方面”[①]。城市空间的物质基础是钢筋、混凝土等,属于固定资本,由于固定资本将大量资本“固化”,使得资本周转速度减慢,利润率下降。如果投向城市建成环境的资本长时间收不回来,易产生“城市化危机”或“空间危机”。殷鉴不远,1973 年经济危机起源于全球房地产市场崩盘,1997—1998 年亚洲金融风暴的导火索是泰国的过度城市开发,2008 年世界金融风暴源于美国房地产次贷危机等。

2008 年中国政府投资 4 万亿人民币刺激经济,此后,资本从第一级循环迅速切换至第二级循环,势头猛烈。根据国家统计局资料,城市建成环境投资由 2006 年的 17620. 22 亿元猛升至 2015 年的 77692. 80 亿元(如图 5 - 1 所示)。希雷特·克里斯多夫采用 2000 年至 2007 年的英国经济数据,分析了 2008 年经济危机前英国资本向城市建成环境的切换情况:首先是私人资本切换至城市建成环境,由 2000 年的 580 亿英镑上升到 2007 年的 970 亿英镑;其次是养老基金切换至城市建成环境,从 2000 年的 180 亿英镑猛升至 2007 年的 270 亿英镑。[②] 970 亿英镑的城市建成环境投资,就引发了英国金融危机。970 亿英镑约为 8265 亿元,这与 77682. 80 亿元不可同日而语。显而易见,目前中国存在着爆发城市化危机的巨大隐患。大卫·哈维说:“中国最近几十年来城市化所产生的意义是惊人的和令世界震撼的。当其在其他地方难以找到产生利润的机会时,通过城市化吸收过剩的流动资金和过度积累的资本,这种方式在最近几次危机中确实起到维持资本积累的作用。然而这种方式到底有多稳定还是一个悬而未决的问题。迅速扩大的社会不平等、环境恶化、关于建筑环境中资产过分扩张和被高估的多种信号,这些都意味着中国‘模式’存在着隐患。”[③]因此,否定以资本为核心的工业城市,建设以人为核心的智慧城市,是消除城市化危机隐患的必然选择。

---

① 包亚明:《现代性与空间的生产》,上海教育出版社 2003 年版,第 47 页。

② Brett Christophers,“Revisiting the Urbanization of Capital”,*Annals of the Association of American Geographers*, Vol. 101, No. 6, November 2011.

③ 〔美〕大卫·哈维:《叛逆的城市》,叶齐茂、倪雄辉译,商务印书馆 2014 年版,第 66 - 67 页。

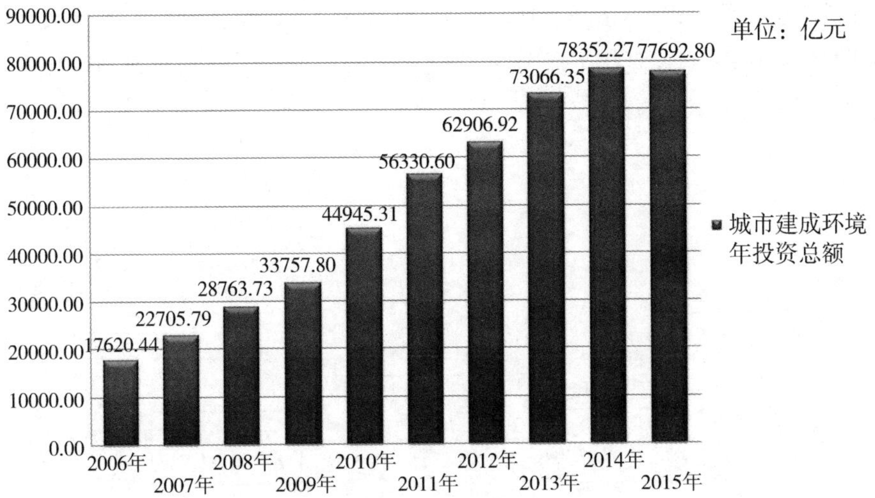

图 5-1　2006 年至 2015 年中国城市建成环境年投资总额

资料来源：根据国家统计局资料绘制

（二）扬弃“以技术为核心”的智慧城市

资本具有极强的弹性和自我调整能力，在危机面前总是能找到出路。当资本在第二级循环中遭遇到了“城市化危机”风险时，它会调整投资方向，转向第三级循环，即从城市建成环境切换至提高劳动者素质上来。第三级循环包含两方面内容，一是科学和技术投资，目的是利用科学技术去生产，并且贡献于这个过程——社会生产力的连续革命过程；二是大量的社会支出，它主要关联于劳动力的再生产过程，包括从资本角度直接指向提高劳动力质量的投资（投资教育和健康，旨在提高劳动者参加工作的能力），以及投资于劳动力的合作、团结合作精神，还通过意识形态的、军事的或者其他手段对劳动者实施控制。总之，资本第三级循环是指科学技术研究以及与劳动力再生产相关的社会支出过程，如教育、卫生、福利等方面的投资，目的是进行带有福利性质的“社会平衡调节”。第三级循环能有效地缓解社会危机、延缓资本进入流通领域的时间。然而，当技术发明出来以后，资本又转向了第一级循环，使得机器排挤工人，形成失业大军，如此周而复始，一步步加深资本主义危机,资本主义必然走向灭亡(如图5-2所示)。[①] 资本的每一次循环和领域切换,只是延缓了资本主义灭亡的时间,表现为“垂而不死”状况,决不能改变资本主义灭亡的宿命。

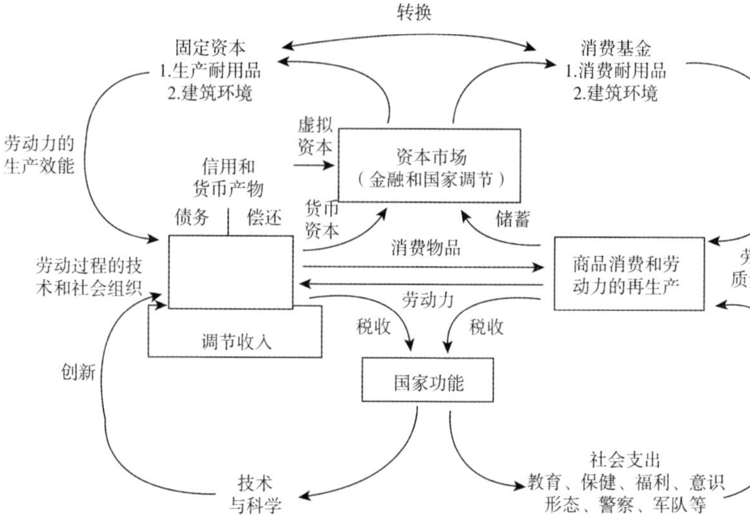

图5-2 资本三级循环的关系结构

资本第一级循环和第二级循环汇集了大量人口、资源、工厂等,形成了现代工业城市。资本第三级循环集聚了科技、人才、互联网、物联网等,生成了智慧城市。美国在智慧城市建设方面,走在世界前列,第一个智慧城市是迪比克市(Dubuque)。迪比克市位于爱荷华州,面积约1200平方千米,人口约6万,密西西比河贯穿城区,风光旖旎,是美国的宜居城市之一。2009年9月,迪比克市与IBM研究院合作建立智慧城市,采用IBM的数字技术“武装”城市,实现城市的智慧化。迪比克市的智慧城市建设包括智慧卫生与健康、智慧水务、智能电网、智慧丢弃物、智慧旅游等五方面内容。

第一,智慧卫生与健康。智慧卫生与健康项目由迪比克市、IBM和爱荷华大学合作研究,探讨新技术如何有效地实现市民卫生与健康目标。该项目包括智能手机的两个应用程序,一是“微传感”程序,能感知人的活动和运动量,类似于手机

① 逯百惠等:《哈维“资本三级循环”理论视角下大都市近郊区乡村转型》,载《城市发展研究》,2015年第12期。

跑步软件;二是“我做得怎么样”程序,收集运动数据,该数据根据运动指标提供反馈信息,提高人们的锻炼效果,达到卫生与健康的目标。

第二,智慧水务。迪比克市与 IBM 合作建设“智慧水务门户网站”,这家网站密切监视全市 4000 多个家庭和所有企业用水情况,为用户提供智能水表。智能水表的使用,让用户通过观察数据,核查漏水点,并及时修复漏水点。安装了智能水表后,迪比克市的用水量下降了 6.6%。

第三,智能电网。智能电网项目由阿莱恩特(Alliant),洲际电力公司、IBM 以及爱荷华州能源独立办公室联合开发,阿莱恩特洲际电力公司、IBM 提供技术支持,爱荷华州能源独立办公室投资 140 万美元,1200 万户家庭参与。智能电网项目为每一户家庭安装智能电表(AMI),用户能实时监控电能消耗情况,而不是每月通过账单才能看到一次。IBM 根据用电数据开发用户界面系统,消费者通过交互网站,动态监控能源消耗情况,随时调整能源消耗数量、方式等,以便节约能源,减少碳排放量,净化空气。

第四,智慧丢弃物。智慧丢弃物项目由迪比克市和 IBM 联合研究,用来跟踪城市垃圾处理情况。IBM 对城市垃圾进行数据分析,迪比克市根据数据进行决策,如设置垃圾存放点、处理厂以及回收利用等,以提高公众的环保意识,有效回收利用垃圾,尽量减少污染。

第五,智慧旅游。智慧旅游项目由迪比克市和 IBM 合作开发,IBM 通过 RFID 技术(射频识别)和智能手机应用程序收集旅游数据,包括景点、路线、交通、游客信息等,并对数据进行云计算,为游客量身制定低成本、节省资源的最佳旅游选择,促进迪比克市旅游业发展。

新加坡打造“智慧花园城市”。新加坡市是新加坡共和国的首都,位于新加坡半岛最南端,面积约 700 平方千米。由于城市面积狭小,人口密度高,资源匮乏,限制了城市外延式发展。自 1998 年起,新加坡实施“智慧花园城市”发展战略,内容涵盖智慧交通、绿色建筑、清洁能源、废水利用、垃圾处理等。

第一,智慧交通。新加坡人均拥有 1.6 辆机动车,道路拥挤,城市交通压力大。因此在 1998 年,新加坡建设“电子道路收费系统”,通过 GPS、卫星通信、移动通信、云计算等手段,收集和测算道路交通数据,精确计算出某一时间的拥挤路段,对拥挤路段通行的汽车收缴拥堵费。市民通过手机查询交通信息,能提前一小时获得各路段的交通状况,选择合适路线出行。

第二,清洁能源。智慧城市是清洁城市,有新鲜的空气、干净的水、良好的生态环境。城市的主要污染源在于传统制造业、发电业使用煤炭、石油等化石能源，而不是风力、太阳能、水力等清洁能源。自2007年以来，新加坡大力发展清洁能源，引来了许多世界级大项目。例如瑞士欧瑞康太阳能公司在新加坡投资建厂，挪威再生能源集团投资43亿美元建设世界上最大的太阳能制造中心，丹麦风力发电机制造商在新加坡设立研发中心等。

第三，废水利用。新加坡有四座污水处理厂，可将工业、日常生活污水净化为符合国际饮用水标准的新生水，这种水占新加坡用水总量的15%。新生水主要应用于需要高度纯净水的工业，如芯片制造、制药等，一小部分供用于居民生活用水。2009年9月，新加坡建设了樟宜污水处理厂，它是目前世界上最大、最具有创新性的污水处理厂。樟宜污水处理厂的日处理污水能力是80万立方米，这些新生水大部分被工厂重新使用，其余部分经过深海管道，被排放至15海里之外的海域。

第四，绿色建筑。国家图书馆是新加坡维多利亚街中心的标志性建筑，面积5.8万平方英尺，高16层，耗资数亿新元。不过，这座建筑受人关注，不仅在于其宏伟现代的外观，而且在于其道法自然的内部设计。国家图书馆选用了最佳位置和朝向，利用自然风减少热负荷，还使用具有隔热性能的天篷遮盖，防止热传递。整体建筑分为地上和地下两部分，悬于地面之上的部分，通风条件良好，能自然流通，风通过中庭玻璃顶上的百叶窗，流进室内，形成空气对流，自动调节室内温度。另外，国家图书馆的照明充分利用自然光照明，设置阳光遮蔽系统阻断强光照射，保证了白天有充足光线，不使用电灯。

第五，垃圾处理。实马高垃圾填埋场是新加坡仅有的垃圾填埋场所，其填埋能力将在2045年达到饱和状态。为此，新加坡实施“零垃圾”和“零填埋”战略：一是焚化垃圾，减少垃圾体积。新加坡建设了4个垃圾焚化厂，年处理垃圾能力达228万吨，并将焚化垃圾产生的热能转化成电能。二是循环利用。国家环境局为社区住户提供环保袋和环保盒，回收可循环垃圾。三是有效利用不可焚化垃圾，把建筑废料、造船厂铜渣以及焚化底渣等转化为砖头、瓦块、泥土等建筑材料。四是增强环保意识，减少垃圾数量。倡导勤俭节约、节能减排，减少垃圾数量。为了从源头上遏制垃圾数量，环境局要求制造商设计更好的环保产品，减少包装，回归自然。

瑞典着意打造“绿色首都”斯德哥尔摩。斯德哥尔摩是瑞典首都，位于梅拉伦湖和波罗的海交互处，水网密布，有“北方威尼斯”的美名。“绿色首都”建设主要包括智能交通、智能垃圾处理和智能教育等内容。首先,智能交通。在交通拥挤时段,若驾车进出斯德哥尔摩市区,将被征收“道路堵塞税”。收费完全智能化,缴费者无须在收费站前面大排长龙,也不需要收费员,甚至不用停车。驾驶人在经过路口的时候,凭借智能系统自动完成缴费。智能收费系统由路边控制站上的摄像头、激光扫描系统以及机动车上的传感器组成,当需要交纳“道路堵塞费”车辆驶过控制站时,控制站与车辆传感器之间产生交互,摄像头瞬间被激活,拍下车拍照片,记录下时间、日期和缴费金额,从驾驶人授权的银行账户中扣除罚款。如果驾驶人账户中没有钱或者没有账户,就会收到缴费账单,到指定银行缴费。

其次,智能垃圾分类处理系统。汉马贝新城(Hammarby)是斯德哥尔摩市智能垃圾分类处理的样板区。这里的垃圾桶不是集中放置在一起的大塑料桶,而是很深的竖井,它们好像是无底洞,无论你扔进去多少垃圾,都不会堆满。竖井周围没有苍蝇、蚊子,也没有污浊的臭气,非常干净、整洁。竖井“垃圾桶”与巨大的地下水平管道相连,被扔进去的垃圾落到竖井底部,竖井底部有可开关的阀门。控制站中的电脑会根据事先设定的时间,向阀门下达打开指令。当阀门打开时,抽风机被启动,由于抽风机产生的巨大吸引力,使得底部水平管道中风力大作,风速高达每秒18至25米,在大风的吹动下,垃圾的运行速度竟然媲美地铁,以70千米时速流向旋屏分离器。高速旋转中的旋屏分离器,根据动力学原理把垃圾投进垃圾集装箱,废气顺着管道上升,经过装有除尘装置和活性炭过滤的废气处理器以后,臭气被净化,排出室外(如图5-3所示)。①

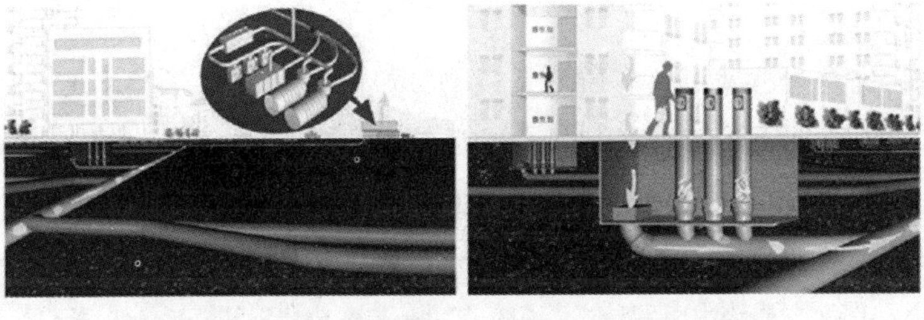

图5-3　汉马贝新城智慧垃圾处理系统示意图

在汉马贝新城,人们在投放垃圾时,就按照“可燃垃圾”“纸张”和“有机垃圾”

① 陈雪杰、万莎:《低碳模式下城市绿化与地下空间开发利用探讨》,载《四川建筑科学研究》,2013年第3期。

将垃圾归类,这样后期处理垃圾就简单易行。三类垃圾去向不同,可燃垃圾去热电厂,在焚烧炉中被完全焚烧,一部分热能转化为电能,另一部分热能溶于水,通过“暖气管”进入小区居民家中,用于取暖。有机垃圾则被送进沼气池,制造沼气。一部分沼气进入了居民厨房,用于生火做饭,另一部分为小区的混合动力车提供清洁能源,剩下的残渣作为有机肥料,返回土地中,为农作物提供养料。废纸则进了回收厂,被制成其他纸品继续使用。

最后,智能教育。在教育方面,斯德哥尔摩有250所小学和90所中学可以供居民选择。在电子系统中,人们可以看到一张图,内含学校地址、年级、学生人数、师资力量、学生满意度指标、联系信息、学校介绍等信息,人们还可以对不同学校进行比较,然后根据自己的实际情况进行选择。这项功能被欧洲电子政府评为“15个最巧妙的电子服务之一”。每年有1.2万名儿童申请幼儿园,90%的家长选择在线申请成功。

此外,芬兰赫尔辛基市、韩国仁川市、日本东京、波兰克拉科夫、西班牙萨拉戈萨、葡萄牙蓬塔德尔加达等城市,都纷纷建设智慧城市。国外智慧城市在智能教育、智能垃圾处理系统、智能交通等方面,取得了巨大成功,对中国智慧城市建设具有一定的借鉴和启示意义。

不过,国外智慧城市建设并非完美,也存在着诸多缺点,值得我们反思。首先,国外智慧城市建设仍然处于“智能”城市阶段。智慧分为常识智慧、科技智慧和哲学智慧三类,国外智慧城市建设成果,如智慧交通、智慧垃圾处理以及智慧政府等,仅处于常识智慧阶段,即“智能”城市,根本达不到科学智慧的水平,更谈不上哲学智慧层次。

其次,国外智慧城市在本质上是以物、资本为中心,科学技术变成了工具理性。新加坡市、斯德哥尔摩市的电子智能罚款系统,是科学技术服务于资本的典型做法。解决城市拥挤的办法有很多,如新建或者拓宽道路、发展公交以及绿色出行等,如果利用智能技术在交通拥挤路段罚款,一方面加重了驾驶人的经济负担,增加了市政府或者相关资本家的收入,城市被染上了非正义色彩;另一方面以金钱为调节交通拥挤的杠杆,也使得智能城市变得非人性化,只认钱而不考虑具体情况。因为一些富有驾驶人,不怕罚款,所谓智慧交通系统有利于他们出行,相反,一些工薪阶层驾驶人即使有紧急情况,也必须绕过“交通拥挤收费”路段。

再次,西方智慧城市建设是资本第三级循环的产物。资本第一级循环是在生产领域中循环,生产无限扩大化趋势与劳动人民购买力相对缩小之间的矛盾,产生过度积累危机,为应对过度积累危机,资本切换至第二级循环。资本第二级循环是在城市建成环境领域中的循环,城市建成环境建设的无限扩大化趋势会"固定"住资本,让资本深陷在城市的住房、道路、广场等基础设施中,其结果是城市化金融危机。为了缓解城市化金融危机,资本切换至科技领域,投资于周转时间较长的教育和科技。新科技被创造出来以后能依靠自身力量发展,从少到多,从简单到复杂,是一种技术创造技术的"组合演化"过程。不仅如此,技术还具有生物特性,是一种有机体,阿瑟指出:"技术正取得一些我们认为属于活着的生物的特性。随着技术变得能够自我组合、自我设定、自我疗愈以及有'认知'能力,它们越来越像活着的生物。技术越是精密和'高科技',便越像生物。"①城市是技术的载体,技术主要在城市空间中组合演化。一个城市,若充满各种具有生物智慧的技术,就是智慧城市。如果技术一味服务于资本,就必然造成机器排挤工人的结果。工厂中大量使用机器人和智能化机器,航空公司的智能值机服务,超市的智能结账,医疗诊断自动化,以及网络银行等,使大量人口变得多余和闲置。马丁·福特在探讨西方智慧城市的技术本质后,得出的结论是:"容许数以百万计的这种职位被消灭,同时完全没有具体方案处理由此产生的问题,显然将造成灾难。"②

最后,智慧城市的最高境界是具有哲学智慧。哲学精神是时代精神的精华,是人们对事物本质、规律的把握,是对"天道"和"人道"的领悟,是一种极高的精神境界。哲学智慧城市就是人文城市,习近平总书记说:"文化是城市的灵魂。"③一个城市,若没有了哲学人文精神,便没有了灵魂,就会变成一座冷冰冰的砖头和瓦块的堆积体。

三、以人为核心的智慧城市建设的内容

关于技术本质的界定,必须从唯物主义立场出发,具体问题具体分析。技术的本质取决于它所服务的主体,若建基于资本主义私有制并服务于资本,其本性就是恶的,亦即海德格尔说的"座架":"座架(Gestell)意味着对那种摆置(stellen)

---

① 〔美〕大卫·哈维:《资本社会的17个矛盾》,徐瑞宋译,中信出版社2016年版,第102页。
② 〔美〕大卫·哈维:《资本社会的17个矛盾》,徐瑞宋译,中信出版社2016年版,第111页。
③ 《十八大以来重要文献选编》(上),中央文献出版社2014年版,第603页。

的聚集，这种摆置摆置着人，也即促逼着人，使人以订造方式把现实当作持存物来解蔽。”①意思是说，技术的本质是压迫人、剥削人和控制人。相反，如果技术建基于社会主义公有制并服务于人民群众，那么其本性就是善的，就不会出现智能机器排挤工人、贫富分化现象，而是让城市更加公平和正义。为此，《国家新型城镇化规划(2014—2020年)》提出了推进智慧城市建设的目标：统筹使用城市发展的物质资源、信息资源和智力资源，创新应用物联网、云计算、大数据等新技术，使得新技术融合进城市的经济社会发展；加强信息基础设施建设，如数据中心、信息网络设施等；实现跨部门、跨行业、跨地区的政务信息共享和业务协同，积极推行信息资源的社会化开发利用，推广智慧化信息应用和新型信息服务，促进城市规划管理信息化、基础设施智能化、公共服务便捷化、产业发展现代化、社会治理精细化；增强城市要害信息系统和关键信息资源的安全保障能力。

（一）信息网络宽带化

智慧城市类似一个生命有机体，具有全面透彻的感知、宽带泛在的互联、智能融合的应用和以人为本的可持续创新等特征，其中宽带泛在的互联是城市智慧化的基础，也是城市智慧水平的重要标志。2013年8月1日，国务院颁布《“宽带中国”战略及实施方案》提出，到2020年我国宽带网络全面覆盖城乡，固定宽带家庭普及率达到85%，行政村通宽带比率达到70%，发达城市的家庭用户跨带接入能力达到1Gbps。②《国家新型城镇化规划(2014—2020年)》指出，推进光纤到户和“光进铜退”，实现光纤网络基本覆盖城市家庭，城市宽带接入能力达到50Mbps，发达城市部分家庭达到1Gbps。推动4G网络建设，加快城市公共热点区域无线局域网覆盖。③

“光进铜退”是指在带宽接入模式上用光纤取代铜缆，增加带宽，加快网络传输速度和数据流量，同时降低网络建设成本的固网宽带化新战略。“光进铜退”战略分三个阶段实施，起始阶段采用端局IPDSLAM模式，带宽为8MHZ；中间阶段采用FTTN模式，带宽提供能力为40MHZ；目标阶段采用FTTB/H模式，带宽为1-2.5GHZ。当前，铜缆已经完成历史使命，逐渐被光缆替代。宁波在智慧城市建设方

① 周立斌：《从“物化”到“座架”》，载《东北大学学报》，2007年第2期。

② 《“宽带中国”战略及实施方案》，载《广东经济》，2013年第10期。

③ 《国家新型城镇化规划(2014—2020年)》，人民出版社2014年版，第56页。

面走在全国前列,率先完成“光进铜退”任务,建设成领先全国的“光网城市”。截至2015年底,宁波市光网覆盖面扩大至334万户,光网覆盖率高达95%,城区居民平均宽带接入能力为50Mbps,大部分家庭达到100Mbps,提前五年完成智慧城市“信息网络宽带化”建设目标。① 5G是最新一代蜂窝移动通信技术,其性能目标包括高数据速率、减少延迟、节省资源、降低成本、提高系统容量和大规模设备链接等。5G网络数据传输速率最高可达10Gbit/s,比4GLTE蜂窝网络快100倍。另外,5G的网络延迟时间低于1毫秒。我国主导的5G技术为推进以人为核心的智慧城市建设提供了强大的技术支持。智慧城市要求城市公共热点区域,如车站(汽车、火车、高铁)、飞机场、城市广场、公园、超市、会议中心、大学校园等,覆盖无线局域网,以方便人们手机上网。

(二)基础设施智能化

基础设施是城市的基本骨架,是城市和居民生活与发展的基础,这里所讲的基础设施不仅包括公路、铁路等公共交通设施和医疗、卫生等公共生活服务设施,而且还包括网络基础设施等,其中网络基础设施是智慧城市建设的基础,也是智慧城市建设的重点。网络基础设施不仅可以为知识型人才提供更多的工作岗位,而且可以为新兴的技术产业提供更加广阔的市场,促使城市在各方面取得进步与成就。

在智慧城市建设中,网络基础设施建设是基础之基础。没有网络基础,智慧城市建设也就无从谈起。在智慧城市建设中,网络将要承载更大的数据量,现在城市中已经具备了一定的网络基础设施(如电子眼等),但是还远不能满足未来智慧城市建设的需要。从狭义上来讲网络基础设施就是遍布于城市中的各种信息设施,如物联网、电信网、广播电视网、互联网等。完善的网络基础设施包括硬件设施和软件设施。网络基础设施的硬件设施主要指传感器、监视器、存储设备、移动接收终端和交换等设备。网络基础设施的软件设施主要是指网络软件和网络协议等。从狭义上来讲就是遍布于城市中的各种信息设施,如物联网、电信网、广播电视网、互联网等。

网络基础设施关系到城市方方面面,对城市经济、社会甚至政治都起着重要的作用。网络基础设施完善,可以为智慧城市提供更加科学、安全、便捷、高效的

---

① 《宁波智慧城市发展报告(2015)》,宁波出版社2016年版,第6页。

信息网络传输,能使网络之间的信息传输变得更加稳定且具有高安全性,使城市处在一个共享且安全健康的氛围之中。不仅有助于全天候监控城市变化与发展,而且能及时反馈城市中各种信息。例如,在城市中实现无线宽带网络的多层次、多热点、多领域的全覆盖,实现随时随地无线网络连接。这样就可以帮助城市人综合及时地管理城市,城市中如果出现了交通事故或者其他社会问题,电子信息设备及工作人员就可以通过便捷安全的无线网络,对信息进行及时分析,并做出当时情况下最有利的判断,在保障各方合理的利益前提下,使城市运行模式合理有序地运行。此外,智慧城市的基础设施还包括智慧交通设施、智慧环保设施等。

1. 智慧交通

交通是城市存在与发展的生命线,安全、便捷、智能、高效的交通决定着城市生活的质量与经济发展水平和程度。传统交通注重道路建设,智慧交通则在更高层面用智能化的交通设施服务大众。智慧交通相比较于传统交通,具有完善的交通信息网络、智能的运输设备和高水平的服务质量。所谓智慧交通就是在现有交通硬件设施和软件设施基础上,通过城市的信息技术、传感技术和云计算等技术捕获城市交通的动态和实时信息(包括人流量、车辆数量、道路状况等),为城市运输提供智能指南,充分利用道路资源,为居民出行提供智能的交通信息,做到出行安全、方便、快捷、环保。

随着城市的发展,城市交通压力越来越大,道路建设是有限度的,如何在现有的城市交通基础上解决交通问题是智慧城市需要解决的难题。智慧交通的明显优势表现为智慧交通经过数据的收集、整理与分析,把得到的结果发布出去。一方面为各种交通出行方式(包括航空、铁路、公路、水路等)提供天气、路况、客流等信息,使相关部门和人员及时做出最优调整(例如红绿灯的智能感应),使城市正常且安全运行;另一方面为居民出行提供及时的交通信息,居民通过手机等各种移动终端来获得智慧的行车引导和选择自己的出行方式,做到“未出家门,信息先行”。可以说智慧交通改变了传统的交通模式,有效地解决了传统交通所带来的问题(如交通堵塞)。

智慧公交系统,作为智慧交通的一部分,居民只要通过移动终端(例如手机、平板电脑等)就可以查询到所要乘坐车辆的信息,诸如所要搭乘的公交车现在行驶到哪里,还有多久到达自己所在的站点,车上是否有空位,空位还有多少等。这样居民就可以通过这些信息,判断并确定自己的出行时间,以及是否需要更改乘车路线等,进而提升市民的乘车幸福感。又如智慧出租车系统,一方面出租车司机利用智慧系统获取顾客叫车信息和交通信息，这样就可以选择到客流量较大的地方，以增加载客量，减少空车时间，减少温室气体的排放；另一方面乘客可以通过移动终端，获得出租车信息，判断在哪些地方等待更容易顺利乘车等。另外智慧交通也为智慧旅游搭建了一个基础性平台，使得智慧旅游得以顺利进行。总体而言，智慧交通改善了居民的出行方式，使得碳排放量大幅度降低，提高了交通运行效率，也减少了交通事故的发生。让城市交通基础设施充分发挥自己的存在价值，资源得到合理利用，居民得到智能化、人性化服务，提高交通舒适度。

2. 智慧环保

随着世界科技和经济的发展以及人口的增加，环境污染问题日益严重。现阶段最引起我们注意的环境问题就是雾霾污染，解决雾霾污染问题的关键在于控制 PM2. 5。目前，城市中 PM2. 5 爆表现象时有发生。为了改变这种状况，我们需要找出污染源，智慧环保则顺应了这种形势，从源头入手，有效控制污染的产生。

智慧环保是指利用环保领域内的物联网技术，把各种检测系统（如感应器）装载在城市环境中，通过卫星技术、互联网和云计算等技术，实现环境信息整合，最后由检测云平台对传回的信息进行处理。智慧环保最大优点就是能够实现灵活的检测和信息的交互传送，便于有关部门及时发现污染源，快速定位，及时分析，高效处理，从而提高城市的环境质量，为居民提供舒适健康的生活环境。

智慧环保的检测系统具有高效节能性，在检测过程中可以把对环境的破坏和污染降至最低点。智慧环保的整个系统具有智慧的自我修复能力，能够在出现问题和故障时，在做出数据保存同时，实现自我修复。智慧环保具有非常高的安全性，在检测、分析和判断时，智慧环保系统能够按照实际情况进行定量和定性分析，及时发出环境问题预警，减少环境污染事故。

实现“中国梦”，建设绿色美丽中国，建设智慧城市，需要智慧的环保。智慧环保具有绿色、可靠、安全的特点。例如，建筑绿色环保化，充分考虑日照时间及相关因素来安排房屋的朝向；同时在房屋周围种植植物，利用它们的隔热性来给房屋保温或降温，减少热排放；建筑用材采用低碳环保型，使房屋更加宜居，让人们尽情享受智能家居，同时感受到高品质生活质量。智慧环保利用人才的创新思维为人们建造出了低能耗、高品质的生存环境，为“中国梦”的实现增添了重要的内容。

山东省临沂市环保局一直非常重视环保工作，为了建设智慧环保城市，在 2014 年投资建设了临沂市智慧环保应用平台。这一平台在临沂市原有的环保监测监控系统上,建立了新一代环境智能监控系统,实现了对污染源的有效管理,实现了对废气、废水、环境空气等各类环境的管理,开启了环境管理的新模式,为临沂市创建国家卫生城市提供了强有力的支撑。"人人都说沂蒙山好,沂蒙山上好风光",在智慧环保技术的引领下,山东临沂打造出了宜居的"绿色家园"。

(三)公共服务便捷化

智慧城市建设旨在为居民提供各种高效且智慧的服务,建设一个美丽宜居的城市。智慧服务以人为中心,运用新一代智能信息手段,为居民提供智能化信息服务和知识服务,充分体现智慧城市的智慧性、协同性和服务性,为居民创造出优质的生态环境、经济环境、文化环境。智慧服务具有基本性、便利性和平等性的特点,人们只要身处智慧城市,不管身份(城市居民或农村居民),免费或只支付小额费用就能享受便捷、快速的公共服务。

智慧服务是智慧城市建设的重中之重。智慧城市把人脑和电脑结合起来,智慧服务利用高科技信息技术的"智"和人类的"慧"来给居民提供智慧的服务,提高市民的生活质量,让零碎的时间得到科学利用。智慧服务通过智慧服务体系获取、加工信息资源,拓宽城市服务项目,实现"一站式"服务。智慧服务能调动社会各界人员的积极性,让各行各业从业人员都可以参与城市服务,在增强城市主人翁精神同时,贡献出自己的力量。智慧服务拥有高度整合的服务平台,通过这个平台城市中各个应用系统相互融合,不仅提高了服务效率,而且也保证了专业性和科学性。智慧医疗、智慧教育、智慧旅游等也都属于智慧服务的一部分。智慧服务在智慧的城市中,依靠智慧的服务型政府,进而借助市场经济,综合获取各方数据,为城市生活提供全方位服务。

1. 智慧医疗

目前我国的医疗卫生行业已获得了巨大发展,但是依然存在医疗人才短缺、医疗设备落后、医疗服务滞后等问题。智慧医疗则拥有一个完善统一的平台,其中包括具有先进医疗观念的人才、安全的医疗卫生环境、基本的数据库系统等,这些都为保障居民的基本医疗、公共管理和服务奠定了基础。智慧医疗是个性化的医疗卫生服务,以患者为核心,通过城市医疗卫生体系为居民建立健康档案和电子病历,居民在接受治疗时医生就可以将分散在不同医疗单位的信息整合,以此为居民提供更具针对性的诊断和治疗。

智慧医疗是一个高度整合的医疗系统。通过智慧医疗可以减少看病成本(时间、费用等)，及时获得有效医治。远程医疗是智慧医疗的一大亮点，居民通过所选择的移动终端查看自己的健康状况，了解身体健康状况的变化，做好自我预防。居民还可以通过移动终端查阅医院及医生的信息，必要时进行在线交流和自主选择看病时间。远程医疗能让医疗单位和医护人员有效监督和护理居民，当有居民身体出现异常时，及时提供协助(远程指导或叫车)。通过智慧医疗，医院和医院之间实现了共享典型病例，协同合作交流技术，讨论研究出对病人最佳的治疗方案，最大程度降低医疗事故发生的概率。通过智慧医疗还可以便捷、实时地感知医疗事件，为治疗慢性病、疾病预防、卫生管理、健康教育提供指导与协助，以便有针对性地开展医疗卫生工作，防止疾病的蔓延。

智慧医疗通过物联网等技术，拓展了医疗覆盖范围，让有限的医疗资源发挥最大化效用，充分地运用到急需者身上。智慧医疗实现了对药品生产、流通的监管，最大限度地避免问题药品的出现，提高了药品质量，提高了居民对医疗单位、医护人员、药品质量的信任度。总之，智慧医疗不仅保障了居民的健康，而且也减少了医疗事故的发生率，让城市社会充满公平和正义，变得更加秩序井然。

总之，智慧城市建设的主要目的不仅是使城市变得信息化，更要使城市健康发展。城市的健康发展离不开人的健康发展，人的健康发展包括身体的健康发展。智慧医疗为人的健康做了有效保障，使公共卫生医疗服务均衡发展，更使得智慧城市的发展有了保障。智慧医疗让智慧城市“以人为核心”更加鲜明。

2. 智慧教育

教育是民族振兴和社会进步的基石。十九大报告提出要“加快教育现代化，办好人民满意的教育”，这些都体现了教育的重要性。只有优质的教育才能促进人的全面发展、城市的进步和民族的复兴。智慧教育是优质教育，是建设智慧城市重要的基石与内容。

传统教育方式智慧性不高，教师的授课方式主要是黑板板书、电子课件，难以实现教师与学生之间的积极互动，并且各个学校各自为营，容易产生信息孤岛现象。这种教育方式既不利于教师对学生因材施教，也不利于学生对自己实现全面的认知，更不利于学校与家长互动交流。智慧教育是一个含有学生、教师、课程、授课、图书馆、教学资源等多个子平台的综合系统。以学生为中心，以课程为基础，打造一个在线互动平台，这个平台打破了时间和空间的限制，使得各个学校实时共享优秀的教学资源(包括精品课程、优秀教学软件等)，实现了学校与学校、学校与教师、学校与学生、教师与教师、教师与学生以及学生与学生之间的及时交流与互动。学生在智慧教育系统下可以充满热情地学习,因为拥有更多自由和兴趣,所以学习更加自主,思维更加敏捷。教师在智慧教育系统中可以获得更多的教学资源,进而提升自己的教学技能和教学素养,为学生展现更加丰富有趣的课堂教学。家长通过这个平台可以了解孩子的学习情况,了解孩子是否有作业,是否能够适应教师的授课方式等,这样家长也可以间接地参与到孩子的教育与学习中。

教育关乎国运兴衰。一个国家的教育水平关乎综合国力,因为教育是国民经济和科学技术发展进步的基础与条件。教育发展好了,在激烈的国际竞争中就会取得优势,处于主动地位。智慧教育遵循了教育的规律和个人发展的规律,促使个人不仅获得生活基础知识和技能,而且促使个人具备创新思维,成为国家发展需要的创新型高素质人才。综合国力之争是教育之争,更是人才之争,只有人才发展了,国家的政治、经济、文化才能更好地发展。智慧教育与建设学习型社会的目标相契合,学习型社会的核心目标是使全民学习、终身学习,而智慧教育则为全民学习、终生学习提供了保障和服务。

3. 智慧旅游

旅游业是一种对信息依赖程度较高的产业,这决定了旅游业急需信息化技术。智慧旅游作为智慧城市不可割舍的一部分,是以旅游者为中心,为了满足旅游者的个性化要求,依托云计算、物联网、大数据等技术,通过互联网、移动互联网,向旅游者、管理者、经营者发布旅游资源、旅游活动、旅游经济等信息,使旅游者实现自主化旅游,管理者实现科学管理旅游市场,经营者合理整合协调各类旅游信息。

智慧旅游体现了“以人为本”。旅游业是集吃、行、住、游、购、娱为一体的产业,这些行为的主体都是旅游者。以往国内的旅游产业对“以人为本”这一核心认识不足,因此,对运营项目缺乏深刻认识,导致项目投资不足或重复等问题。智慧旅游以人为本,积极探索科学高效的旅游运营模式,确保在满足旅游者各项需求的基础上,使得旅游业健康可持续发展。例如,在整合上一年相关信息时,如果发现旅游者过多,导致停车位供应不足,周边宾馆火热爆满,就会在今年增加停车位,甚至规划、建设更多的宾馆。这样不仅满足了旅游者的旅游需要,也带动了旅游业的相关行业。

旅游业因为是集吃、行、住、游、购、娱为一体的产业,因此,其具有很强的综合性。旅游者都希望自己的旅途尽可能地达到自己的期望值,不仅景观要美,各方面的服务也要使自己乐在其中，智慧旅游则恰恰实现了这一点。智慧旅游会根据旅游者的要求，通过对旅游资源与信息管理，实现资源的整合，为旅游者提供更加全面的旅游信息，使得旅游者借助自身拥有的移动设备选择自己需要的各种服务（如出行时间、娱乐地点等）。这种“私人订制”的感受，提升了旅游者的满意度与舒适度。可以说智慧旅游不仅为旅游者提供了高质量的服务，同时也促使旅游企业提升了服务水平。由于旅游者有自身个性化的旅游需求，智慧旅游也变得更加智慧。通过旅游者信息的发出与反馈，及时针对问题做出改进，从而实现旅游者和旅游业的双赢，旅游者的体验提升了，旅游业也得到了发展。

总之，智慧旅游是旅游业的转型，它让旅游业不再单纯地追求经济的增长，而是以人为中心，与新一代信息技术相结合，实现旅游资源的合理配置，为旅游者提供更具人性化的体验。智慧旅游是一个具有高度综合性的产业，它的发展必然会带动智慧交通、智慧环保等项目的发展，使城市的智慧性得到整体提高。

四、以人为核心的智慧城市的意义

现代社会在从“空间中的生产”向“空间的生产”的转变过程中取得了辉煌的成就，创造了发达的现代文明。[①] 但这些成就也导致了自然界对我们的报复。为了人类和自然的和谐共处，为了人类拥有更好的生存环境，我们应当选择更好的城市发展道路。当今时代，各种城市发展理论蓬勃兴起，但唯有智慧城市发展理论才是我们城市发展的未来。智慧城市的建设涉及国计民生，涵盖了社会发展的各个领域，可以让本来互不连通的部门紧密联系起来，进行信息共享，协调解决各类社会问题；可以让城市管理变得更加快捷有效；可以让城市处在一个协调发展的状态，可以让城市发展井然有序，人民生活智慧网络化。

（一）推动社会经济发展

2015 年 12 月 20 日至 21 日，中央城市工作会议强调：城市发展带动了整个经济社会发展，城市建设成为现代化建设的重要引擎。智慧城市作为城市发展的新型模式将会为推动社会经济发展贡献出重要的力量。

---

① 潘可礼：《社会空间论》，中央编译出版社 2013 年版，第 225 页。

智慧城市为经济提供了一个可持续发展的环境。智慧城市的综合性、整体性特征使得城市中的产业合作更加紧密，融合程度更高，不仅使固有产业获得发展，而且催生了新的产业。智慧城市的建设需要高新技术的支持，因此，各类高新技术便聚集在智慧城市中，形成高新技术密集型产业。这些高新密集型产业为城市经济发展提供了新的增长点，企业和单位从中看到了良好的经济效益，便努力改变生产方式，把高新技术应用到经济生产中，从而形成了一个科技促进经济发展，经济发展反哺科技的可持续发展模式。

智慧城市打破了“信息孤岛”效应，使城市有机整合、互通有无，经济获得质的发展。以物联网、云计算等为代表的新一代信息技术，是智慧城市建设的技术支撑，同时智慧城市的建设也增加了对新一代信息的需要，使得城市对感知设备、传输设备、处理设备等的需求量增加，带动着相关产业不断发展，最终形成一种新的产业链，带动社会经济的发展。同时因为智慧城市的智慧性和信息性特征，使得城市经济增长模式发生了转变，社会生产方式发生了变革，形成高效节能、低碳环保的智慧型经济发展模式。

可以说智慧城市中的经济发展遵循了联系和发展的原则，这样的经济发展模式考虑了城市环境的可承受能力，不仅努力发展高新技术产业，同时也尽可能地保护环境，利用现有资源，拉动经济增长，造就新的产业发展浪潮。这样绿色高效的经济发展模式，从另一个侧面也增加了产品的附加值，使产品更加具有被购买的吸引力。

中国梦是中国人民的梦，这个梦就是实现中华民族的伟大复兴。中国梦具体体现为国家富强、民族振兴和人民幸福。智慧城市以人为本，关注绿色环保，关注国计民生，使人民积极参与并从中受益。智慧城市的建设改善了民生，新兴产业提供了大量的就业机会，使就业得到了保障，进而推动了中国社会的进步与发展。“就业是民生之本”，就业得到了保障，民生也就得到了保障，也就为中国梦的实现奠定了稳固的基石。

（二）促进科学技术与文化的发展

科学技术是智慧城市发展的有力支撑，同时智慧城市的发展也可以促使技术的发展。智慧城市本身就是一种高度发展的城市模式，依托于高科技和人才，同时也吸引着人才，成为高素质、高学历人才的聚集地。智慧城市与人才之间的吸引是一种良性互动，使城市与人才相互“碰撞”，也使人才与人才相互“碰撞”，这些碰撞造就了新的智慧。智慧城市使城市变成了创新城市，为城市人提供了宽松、积极向上的文化环境和制度环境，敦促着城市人努力进行各种科技创新，使经济文化拥有新的增长点。

智慧城市为新兴产业提供了巨大的空间和市场，为抢占信息科技的高地提供了可能性。智慧城市以物联网、云计算等为技术支撑，这些技术作为新一代信息技术的代表为城市的智能化创新提供了必要的技术基础，推动城市努力开辟发展的新路径。新一代信息技术使泛在网络、无线互联和通信成为可能，同时催生了新的传感技术和智能技术。

智慧城市是一座让人们学会分享的城市，不仅分享幸福快乐，而且也分享知识信息。人们享受分享，同时也从分享中获得灵感，在智慧城市提供的适宜环境中进行科学技术和文化的创新，用自己的智慧去创造更加智慧的城市。简单来说就是智慧城市可以让科学技术成果惠及每一位市民，让市民享受科学技术带来的方便与实用，同时也让市民从中得到灵感与启发，造就新的科学技术。例如2013年，山东省临沂市入选智慧城市时空信息云平台建设试点名单，为了改善临沂市的环境质量，临沂市投资建设了智慧环保应用平台。这一平台的建设让临沂市民享受到了高科技带来的生活质量的改变，切实感受到智慧城市建设带来的实惠，也激发了临沂市民创新灵感。

智慧城市开放、创新的文化环境使得城市中的文化交流更加频繁，也更加多元化。智慧城市中的教育、文化充分利用物联网、云计算等新一代信息技术，实现了网络化、智能化，数字图书馆和网上教育快速发展，为文化的传播与交流提供了更智能的渠道。在智慧城市中，人们可以在法律允许的范围内自由地行使自己的言论自由权，“百花齐放，百家争鸣”的文化氛围使得文化得到意想不到的发展结果。

（三）推动城镇化建设，助力构建和谐社会

城镇化是国家经济社会发展的重要体现。随着中国经济的持续发展，国家对城镇化建设越来越重视，“十一五”规划和“十二五”规划都对城镇化建设做出了战略部署，十八大报告中更是提出了“四化同步”，即农业现代化、工业化、信息化和城镇化协调互动发展。2014年3月，中共中央、国务院印发了《国家新型城镇化规划（2014—2020年）》，这个规划是指导中国城镇化建设的宏观性、战略性和基础性的规划，对于中国智慧城市的建设也具有一定意义上的指导价值。目前中国城镇化建设持续推进,也产生了一些问题,诸如城市基础设施管理工作难度加大、交通拥挤、环境污染、能源消耗严重、社会安全等。

智慧城市作为一种可持续的城市发展模式,能够实现自我调节。智慧城市在有效利用数字化手段智能监控城市发展的过程中,能有效地智能收集、分析各种数据信息,及时应对城市中各种因素的变化,解决城镇化建设中出现的管理、交通、环保、能源等各类问题。可以说智慧城市建设为城镇化提供了技术支持和保障,也提供了新的发展路径。中国拥有最多的农村人口,在过去几十年中,中国经历了历史上最大规模的城市化,众多人口从农村涌入了城市。城市的数量有限,城镇化便是目前最好的选择。城镇化要构建的是城乡一体、生态宜居的健康城镇。城市群是城镇化的主体形态,智慧城市作为城市的一部分,追求的亦是健康宜居、生态环保,所以智慧城市建设便有力地推动了城镇化的发展。

智慧城市是中国城镇化的重要内容,是中国和谐社会建设不可或缺的一部分。智慧城市拥有综合管理平台,能够做到协同合作、信息共享与互动。这样城市、城镇与乡村就可以无障碍交流,具体问题具体分析,根据实际情况实现管理。比如智慧城市的建设,能够减轻农村人口盲目涌入城市带来的诸多问题,实现农村人口合理有序、健康地转变为城镇人或城市人,避免盲目的人口流动带来的社会动荡和严重的社会问题,保障和谐社会建设。智慧城市满足了人们对美好生活的期待,使人们之间的相互学习和交往更加密切,也激发了人们对于维护和建设城市的欲望,使社会变得充满爱与和平。

(四)解放人力、物力、财力,造就高效城市

在智慧城市中政府是服务型政府,以人为中心,以为人民服务为最高价值追求。智慧的服务型政府通过智慧公共信息云平台来完成数据的收集、整理与分析,制定出合理的发展策略,在合理的条件和范围中,利用自己的智慧和先进的网络技术管理和发展城市。其中智慧公共信息云平台综合运用了各种智能信息技术,整合了城市中的信息与资源。通过智慧公共信息云平台,相关单位能够及时把握城市的动态与变化,进而协同合作,共享城市信息,避免城市资源浪费,用智慧技术代替人工技术,有效且及时解决城市中出现的问题。智慧城市中的基础设施完善且具有智慧性,使城市中的管理者和市民合作共赢,共同管理和维护城市,高效完成城市中的各项工作,城市自然会又好又快地达到最佳的运行状态。

智慧城市在智慧的服务型政府的领导下,城市内部布局合理,城市自身循环

能力提高。合理的城市布局,使城市变得有条不紊,各个系统看似相互独立,互不相同,实则紧密相连,相互协作,相互辅助。城市的不同部门相互整合及协作,使得城市的工作效率得到提高。由于合理的城市布局,一方面使得政府节约了人力、物力和财力,自身获得了更大的发展空间。例如政府通过系统性整合,统一集中供暖供电供水供气,不仅保障了服务质量,保障了公共安全和消费者的合法权益,也树立和提升了政府的执政形象。另一方面也使得城市居民节约了时间与金钱,提高了工作效率和生活品质,建设成了节约型社会。居民享受便捷式的一站式服务,可以在线进行多种活动。例如"居民一卡通",一卡通上有居民的所有信息(包括基本信息和动态信息),通过一卡通居民可以了解自己衣食住行的所有信息变化,并且可以完成各种支付行为,在保障自己身心健康的同时避免浪费资源。政府通过管理居民一卡通为居民提供更加优质的服务。这样居民就拥有了更多的时间去充实提高自己,进而获得全面自由的发展。城市也整合了自身资源和社会资源,使得城市和市民都可以获得可持续发展,实现与周围城市的无障碍互联。

智慧城市利用新一代信息技术和智慧型治理为居民提供了高效率、高水平、高质量的服务,不仅加深了政府与市民的情感,而且也促使市民自觉掌握科学文化知识,提升自身的文化素养,为智慧城市的发展奉献出智慧。

(五)让人民生活更美好,造就宜居城市

国际城市与区域环境建筑师、规划师唐华德汤姆·沃特(Tom Wolters)在2013年11月22日举行的"城市可持续发展前景与挑战"的论坛上,阐述了他心中的智慧城市形象,那就是宜居城市。

"城市让生活更美好",实现可持续发展。智慧城市在建设中把握好了生产空间、生活空间和生态空间的内在联系,实现了生产空间的集约、生活空间的宜居、生态空间的绿色,让三者和谐共存,循环持续发展。在智慧城市中,各类智慧系统相互作用、相互连通,人与自然、人与人和谐共处,使城市和谐、互联、安全、高效地运行,使得居民的生产更加安全、生活更加绿色环保。城市实现了节能和环保,城市自然就变得宜居。

一座城就是一个完整的生态系统,一座智慧城市就是一个平衡的生态系统。智慧城市遵循了科学发展理念,综合运用了各种智慧技术,根据城市的发展规律,将城市的各个系统统筹规划,实现了对城市发展需要的智能回应。智慧城市通过各类安装在城市里的感应器和监视器对城市进行实时监控,及时把握和分析城市

某些因素的变化,根据需要对这些因素进行调控,使城市处于一个井然有序且市民满意的状态。例如借助安装在城市垃圾桶上的感应器获得信息,及时了解垃圾箱内及垃圾箱周围的环境状况,从而分析垃圾箱内的垃圾类别及垃圾箱周围的环境是否干净。这些信息被利用到环保系统,让附近的环保工作人员做出及时反应,使市民享受智慧环保带来的优美环境,提高他们的幸福感。

相比较于普通的城市发展模式,智慧城市具有完善的网络基础设施、安全的信息保障能力、良好的城市治理体制机制。在这些优越的条件下,城市发展积极稳妥,不仅数量增加,质量也高,可以说智慧城市使城市发展做到了“又好又快”。智慧城市具备了智慧的交通、智慧的环保、智慧的医疗、智慧的教育、智慧的旅游、智慧的服务等。在智慧城市中,居民享受着便捷舒适的交通,生活方式更加低碳环保,远离疾病与环境污染,也享受着美好的物质和精神文化生活。

澳大利亚的阿德莱德就是一座小型、宜居的智慧城市。阿德莱德的经济拥有持续增长的能力,文化开放、包容,生态系统平衡。在这个宜居的城市里,数以万计有创新思想的人才每天都在交流思想,为把城市变得更加智慧、更加数字化、更加环保而努力。智慧的城市阿德莱德让人们拥有良好的生活品质,绿色环保、生态友好、科技发达的城市生活氛围,让幸福指数只增不减。

五、建设以人为核心的智慧城市的对策和建议

目前,我国智慧城市建设势头突飞猛进,不仅北京、上海、广州等特大城市提前实现2020年宽带中国战略目标,而且济宁、无锡、诸城等中等城市,甚至安仁县、正定县等小城市也都实现了信息网络宽带化。信息网络宽带化让城市具有了智能、智慧,方便了人们的日常生活。不过,智慧城市的信息网络宽带化建设也有“以人为核心”和“以物为核心”的区别。一些城市在追逐资本利润最大化的驱动下,实现了信息网络宽带化、公共热点区域网络全覆盖。高付费的高速固定网络和移动4G,提高了普通群众进入网络的门槛,把一些低收入者排除在外,让一些网络运营商和游戏开发商大发横财。我们认为,智慧城市建设,需要做到以下三点:

第一,网络信息属于公共资源,不能完全私有化、市场化。

资源具有历史性,不同的历史时期人们使用和开发不同类型的资源。在马克

思所处的时代,资源主要是物质资源,如矿藏、森林、河流、动物、土地、自然力、劳动力等,这些资源具有稀缺性和排他性,一些人利用所占有的资源,剥削他人,获取利润。马克思主义的批判性特征,旨在否定旧社会制度的对稀缺资源的私人占有,用一个资源公有制的新社会形态替代资本主义社会,最终实现无产阶级和全人类的自由和解放。需要特别指出的是,即使在前资本主义社会,也有部分稀缺资源是公有的,如俄国村社的共有土地、森林、河流、牧场等,供村社全体成员共同享有。

在当今信息社会,广大网民创造了海量信息资源,取之不尽、用之不竭,处于饱和、过剩状态。市场经济以价值规律为基础,商品的价值是由包含在商品中的社会必要劳动时间决定的,商品以价值量为基础实施等价交换。社会主义市场经济既有计划也有市场,不能把一切都私有化、商品化。网络信息资源属于广大网民创造的公共资源,不是用来交换的劳动产品,不能被私有化,更不能被当作谋取交换价值的商品。如果一个社会将非商品的东西商品化,这不是市场经济"发达"的表现,而是不健全的标志,最终会导致社会的扭曲和异化状态,如金钱拜物教和商品拜物教等泛滥。

目前在主要电信企业中,手机流量收费占企业总收入的比重增大,甚至已经大于通话收费。网络信息资源本质上是公共资源,但是却被一些垄断企业当作稀缺资源私人占有,并且高价销售,这种做法不是以人为核心,而是以物为核心。宁波市在智慧城市建设中,在一定程度上摒弃了这种做法,坚持以人为核心,在城市公共区域提供免费网络服务。截至 2015 年底,宁波市公共场所由各类主体单位建设的免费 wifi 热点数达到 1580 个,无线接入点(AP 数)达 12231 个,其中接入 iNigbo 统一运营平台 626 个热点,5361 个 AP,iNigbo 免费无线网络注册用户突破 94 万,日访问量突破 7 万次,总认证数达 1549 万次。

第二,市政府要适当控制网络信息的内容,弘扬社会主义先进文化。

人是文化的存在物,总是不断地编织语言符号,创造文化,并生活在文化的世界里。智慧城市的灵魂是社会主义先进文化,因此,以人为核心的智慧城市建设要重视为城市"立心",让城市成为"活"的有机体。"立心"的一个重要渠道是通过网络宣传,使得网络空间成为宣传社会主义先进文化的主阵地。智慧城市的政府要大力弘扬社会主义先进文化。社会主义先进文化是中国共产党领导人民在社会主义建设特别是改革开放伟大实践中创造出来的文化,是符合人类社会发展方向、体现先进生产力发展要求、代表最广大人民根本利益、反映时代进步潮流的文化。社会主义先进文化展现出来的中国精神,如“雷锋精神”“铁人精神”“两弹一星精神”“载人航天精神”“改革创新精神”“北京奥运精神”等,拓展了中国文化疆域,构成了当代中国人乐居的精神家园,激发了民族自豪感和自信心,激励着人们干事创业,为实现国家富强、民族振兴、人民幸福的中国梦而奋斗。

第三,市政府要控制网络游戏,培养智慧人才。

智慧城市需要智慧人才,智慧人才的培养要从青少年抓起。智慧城市因其发达的互联网、物联网而变得智能化,方便了青少年查阅资料、获取信息,为创新人才培养提供了信息化基础。然而我们必须清醒地看到,网络技术是一把双刃剑,网络游戏让大批青少年网络游戏成瘾,整日沉溺其中,不能自拔,学习成绩一落千丈。知识是生成智慧的基础,对于无心于学业的成瘾者而言,整日沉溺于网络游戏世界,根本谈不上拥有智慧,成为智慧之人。我们认为,在智慧城市建设中,要消除一些青少年网络成瘾现象,为智慧城市建设提供智慧人才,需做到以下三点:第一,积极引导青少年树立远大理想,为建设智慧城市做贡献。无论是家长、教师,还是政府、社会都要坚定信息,持之以恒地对其实施心灵活转向。第二,青少年的心灵从影像世界转向现实世界,是“合力”的结果。消除一些青少年网络成瘾现象,需要来自于家庭、政府、学校和社会等方面的力量共同发挥作用。第三,青少年心灵转向是一个循序渐进的过程,不能一蹴而就。从网络电子影像世界重回现实世界,需要一个比较长的适应时间,甚至容许一个反复的过程,不能心急,不能一蹴而就。

第六章

城市的未来:山水田园城市

古往今来,众多思想家都详细描述了自己理想的、完美的城市,绘制了多幅未来城市的美丽画卷。从柏拉图的《国家篇》到莫尔的《乌托邦》、康帕内拉的《太阳城》、弗兰西斯·培根的《新大西岛》、莫里斯的《来自乌有之乡的消息》、威尔斯的《现代乌托邦》、霍华德的《田园城市》、波普尔的《乌托邦工程》以及钱学森的山水城市等,都对未来城市作了天才设想,认为城市的未来样式是山水田园城市,兼具山水田园风光。在现代科技条件下,完美城市正在变成现实,山水田园城市成为新型城镇化的未来样式。

一、田园城市

田园城市理论是1898年英国社会活动家埃比尼泽·霍华德提出的,是针对当时英国社会工业化过程中出现的城市问题而提出的一种全新的城市发展理论。霍华德试图克服工业革命以后出现的城乡对立及城市中的非人性化弊端,基于城市和农村相协调的理念、人工环境融入自然环境的规划手法,以人性化的方法来处理城市的各项功能要素,从而构想出一种新型的城市。1919年,田园城市和城市规划协会与霍华德协商,对田园城市下了一个简明扼要的定义:“田园城市是为安排健康的生活和工业而设计的城镇;其规模要有可能满足各种社会生活,但不能太大;被乡村带包围;全部土地归公众所有或者托人为社区代管。”田园城市理论为人类提供了一种新型的、城乡融合的城市结构和发展模式,其核心理念在于把人和自然、城市和乡村结合起来考虑,走和谐发展的道路。虽然田园城市的构想具有相当的理想主义色彩,但是它对其后一个世纪的城市发展和规划有着深刻的启迪作用。

（一）城乡一体

田园城市从实质上来说就是城市和乡村的有机结合体。19世纪末20世纪初英国工业化的快速发展，造成了城与乡的对立，并由此引发了一系列的社会问题，霍华德正是在这样的时代背景下，提出了城乡协调发展的田园城市规划理论，对未来的城乡结构做了积极有益的探索。霍华德的田园城市理论提供了一种新型的城乡结构模式，即用城乡一体的新社会结构形态来取代城乡分离的旧社会结构形态。他在《明日的田园城市》一书的序言中提出："可以把一切最生动活泼的城市生活的优点和美丽、愉快的乡村环境和谐地组合在一起。"①

在霍华德看来，城市和乡村都有其各自主要的优点和相应缺点。城市的工资高、就业机会多、前途诱人，但同时地租和物价也高。城市拥有更多的社交机会和娱乐场所，基础设施更为完善，但是城市中的人们工作时间过长，上班距离过远，空气污染严重等不利因素大大降低了这些优点的价值。壮丽的大厦和凄惨的贫民窟同时存在于城市之中。而与城市相比，乡村有着廉价的地租和极好的自然环境，那里风景秀美，有清新的空气和潺潺的流水。但是乡村没有城市的物质设施和就业机遇，单纯以农业为主，人们"靠天吃饭"，受气象灾害影响严重，收入低，且排水等卫生条件不佳。因此，霍华德主张把城市和乡村二者的优点和谐地组合在一起，避免二者的缺点。理想的城市应该是人类社会和自然美景兼而有之。正如他在《明日的田园城市》一书的序言中指出的那样："这种该诅咒的社会和自然的畸形分隔再也不能继续下去了。城市和乡村必须成婚，这种愉快的结合将迸发出新的希望、新的生活、新的文明。"②

霍华德认为使人口向大城市集中的原因可以归纳为"引力"，只有建立"新引力"来克服"旧引力"，才能有效、自然、健康地重新分布人口。③ 因此，他试图构建一个引力大于现有城市的、吸取城市和乡村二者特色的"城市—乡村"磁铁。霍华德深入地描述了这种磁铁及其结构模式，向人们展示了"城市—乡村"磁铁如何能够吸引投资，创造出与拥挤的城市相等甚至更多的就业、社交机会；如何确保人们获得更高的工资和更低的租金、税收；如何能使其中的居民身处在大自然的美景

① 〔英〕埃比尼泽·霍华德：《明日的田园城市》，金经元译，商务印书馆2010年版，第6页。
② 〔英〕埃比尼泽·霍华德：《明日的田园城市》，金经元译，商务印书馆2010年版，第9页。
③ 〔英〕埃比尼泽·霍华德：《明日的田园城市》，金经元译，商务印书馆2009年版，第5页。

之中,又享有最好的物质设施和卫生条件;如何能到处都见到美丽的住宅和花园;如何能扩大自由的范围,并使愉快的人民享有一切通力协作的最佳成果。①

田园城市理论为人类提供了一种新型的、城乡融合的城市结构和发展模式,其核心理念在于把人与自然、城市和乡村结合起来考虑,走和谐发展之路。霍华德的这一构想为现代城乡规划思想的产生和发展提供了思想理论资源。

(二)田园城市的规划

田园城市的主要命题之一即为在一大块农业用地上建立起一座规划良好的模范城市。根据霍华德的构想,田园城市应该包括城市和乡村两部分。霍华德设想在市场上购买一块六千英亩的纯耕地,田园城市建立在这块土地的中心附近,占地为一千英亩,城市被宽阔的永久性绿地所包围,永久性绿地供农业生产使用,农田的面积比城市大五倍。在田园城市的边远地区设有企业工厂,田园城市的居民生活于此,工作于此。霍华德认为,城市的规模必须加以限制,每个田园城市的人口限制在3.2万人左右,超过这一规模就需要另外建设一个新的城市,这样做的目的是为了保证城市不过度集中和拥挤,从而避免各种大城市的弊病,同时也确保每户居民都能极为方便地接近乡村自然环境。霍华德在设计上考虑到,随着田园城市的成长,大自然的免费馈赠——新鲜空气、阳光、呼吸空间和游戏空间——仍将留有足够需要的数量;在使用现代科学成果上使技艺可以补充自然,从而使生活变得永远愉快幸福。②

霍华德明确表示,田园城市不仅是经过规划的,而且是以符合现代最新需要和要求的观点来规划的,所以田园城市的建设能够适应时代的潮流,能更经济、更充分地满足人们的需要。

按照霍华德的构想,城市建设要保证使人便于接近自然,公园是它的主要内容,其他建筑也要科学的布置。城市部分由一系列的同心圆组成,中心布置成一个美丽的花园,有六条主干道路从中心向外辐射,把城市划分成六个相等的扇形区域。在花园的四周环绕着一些大型的公共建筑,如市政厅、音乐厅、图书馆、剧院、医院和展览馆等。城市的中央公园是全体居民都可以非常方便享用的游憩用

---

① 参见〔英〕埃比尼泽·霍华德:《明日的田园城市》,金经元译,商务印书馆2010年版,第9页。

② 参见〔英〕埃比尼泽·霍华德:《明日的田园城市》,金经元译,商务印书馆2010年版,第92页。

地。环绕中央公园的是一个面向公众开放的巨型玻璃连拱廊,里面展销着工厂生产的产品,是田园城市的冬季花园和大商业中心,也是市民最爱去的娱乐场所之一,叫作"水晶宫"。它的环形布局使它能接近每一个城市居民,因而即使在雨天或者其他恶劣的天气条件下这里也能吸引居民前来休闲娱乐。面向水晶宫沿街坐落着一圈非常好的住宅,每所住宅都有宽敞的用地,市政当局既对必要的卫生标准进行严格地管控,又鼓励建筑设计独具匠心、充分反映个人的兴趣和爱好,建筑设计风格可以千变万化。田园城市的每个家庭都拥有一幢舒适的、带有精致的小花园的六室小别墅,并且人们工作的地点就在居民区附近,可以步行到达。住宅附近还建有学校、教堂等。

在城市的外环,围绕城市的环形铁路沿线分布有工厂、仓库、牛奶房、市场等,环形铁路有支线与通过该城市的铁路干线相连接。这样的布局方便各种货物运输,不仅能够尽可能地减少货物的破损,节省了包装和运输的费用,而且能够减少城市道路上的交通量,从而明显地减少道路的维护费。田园城市严格控制烟尘的危害,所有机器都是由电力来驱动。环形铁路的外围是宽广的农业用地,分布有森林、果园、大农场、自留地、疗养院、奶牛场等。城市的垃圾可以很快很便利地返回当地的农业用地,增加土地的肥力。田园城市的农业用地有设计良好的污水处理系统,以及一个相当大的市场。

霍华德特别强调田园城市规划的科学性和整体性。他在《明日的田园城市》一书中明确指出:"由于该城市是经过规划的,所以市政管理方面的各种问题都会包含在一个富有远见的规划方案之中。最终形成的规划方案无疑是许多人的智慧结晶——从事工程、建筑、测量、风景园艺和电气等行业人员的智慧结晶。但是重要的是设计和意图应该是统一的——那就是城市应该作为一个整体来规划,不能像英国别的城市以及其他国家某些城市那样无秩序地发展。城市应该在成长的每一个阶段保持统一、和谐、完整。而发展的结果绝不应该损害统一,而要使之更完美;绝不应该损害和谐,而要使之更协调;早期结构上的完整性应该融合在以后建设得更完整的结构之中。"①

霍华德为了实现田园城市的设想,还对田园城市的资金来源、土地规划、城市收支、人口密度、经营管理和城市生态等问题都提出了具体的建议。他认为工业和商业不能由公营垄断,要给私营企业以发展的空间。为了避免环境污染,各城

① 〔英〕埃比尼泽·霍华德:《明日的田园城市》,金经元译,商务印书馆2010年版,第38页。

市都以电为能源，垃圾用于肥田。为了改善田园城市人民的福利，政府应该对地租进行管理，将所得的利润用于改善市政基础设施。通过对人口规模的限制，可以避免很多大城市的通病。

（三）人民城市

以人为本的原则贯穿于霍华德田园城市思想的始终。霍华德提出了一个引人深思的问题："人民何去何从？"[①]体现出霍华德对于广大人民的关注。

霍华德最关心的是人民的未来。从他的田园城市思想中，可以明显看出他所关心的不是少数人的利益，更不是个人利益，而是广大人民的利益。霍华德认为当时英国社会最大的需要是为那些居住在拥挤而充满贫民窟的城市中的人民，建立美丽的家园城镇群，每个城镇环绕着田园。[②] 霍华德把田园城市运动看作是组织一个从过分拥挤的中心城市，向稀疏散落的乡村地区迁移的运动。霍华德看到，工业革命后的城市生活过度两极分化、资源浪费严重、越来越脱离人类赖以生存的自然环境，乡村陷入停滞、落后状态。这种情况不仅抑制了乡村的发展，而且也抑制了城市的发展，必须探求一种新的城乡结构形态。因此，霍华德提倡建设田园城市以构建城市与乡村的平衡、工业与农业的平衡，既要解决城市问题，又不侵害乡村利益。在城市周边有农田环绕，通过这些田园来控制城市用地的无限扩张，每个城市兼具城市与乡村的优点，都能做到城乡结合。环绕田园城市的农业用地不在私人手中，而在人民手中，不是按个人设想的利益，而是按全社区的真正利益来管理。因为广大人民不会准许他们自己城市的美景在发展过程中遭到破坏，所以会认真负责地保护城市里的公园和绿地。田园城市把城市生活和乡村环境的经济、便利、健康、自然等积极因素组合在一起，其最终目的是为了实现全体居民享有健康、舒适的生活。"我们应该首先确定什么东西有利于我们身心的健康和欢乐，然后以用最好、最容易的方法生产这些东西为目标去组织我们的人民。"[③]霍华德提醒人们，不要只陶醉于当前城市看似亮丽的外表而不求进取；以贪婪为动力，不关心绝大多数人民利益的城市，是不可能真正促进社会繁荣的。

田园城市尊重人们首创精神的发挥，在这里各行各业的人们各司其职，各尽

---

① 〔英〕埃比尼泽·霍华德：《明日的田园城市》，金经元译，商务印书馆 2010 年版，第 7 页。

② 参见〔英〕埃比尼泽·霍华德：《明日的田园城市》，金经元译，商务印书馆 2010 年版，第 93 页。

③ 〔英〕埃比尼泽·霍华德：《明日的田园城市》，金经元译，商务印书馆 2010 年版，第 99 页。

所能,并且互相为彼此提供便利。田园城市要确保各种从业人员能有较固定的职业并取得较高购买力的工资,享有有益于健康的环境;要为农民的产品开辟一个近在家门口的市场。“总而言之,其意图在于提高所有各阶层忠实劳动者的健康和舒适水平。”①田园城市的居民可以在这片土地上健康自然地务工和务农,并享有自由联合的充分权利。在商店经营中应用当地人民抉择体制也是田园城市的特征,这样做是为公众意志的表达创造一种机会。在田园城市,公众有极好的机会来表达他们的意愿,而商店经营者要做的就是使居民感到满意。

霍华德认为田园城市建设的目的在于全社区的福利,他不仅关注增加生产,而且认为更公平的分配是与之同样重要的另一个目标。他认为通过创造新的财富形式,可以有一条广阔的道路通向新的产业体制,在这个体制中社会的和自然的生产力可以更为有效地加以利用,而且这样创造的财富形式将在更为公正和平等的基础上分配。社会可以有更多的东西分给它的成员,与此同时,也有较多的红利可以按公正的方式分配。②

以人为本的原则还体现在田园城市的行政管理方面。田园城市的市政当局的机构是按照明确分工的业务来设置的,分为许多部门。中央议会代表人民,有掌管社区的权力,行使法律所赋予的广泛的权力和特权,它拥有比其他地方实体广泛得多的实现人民愿望的权力。霍华德认为城市政府应该力争使城市生活有利于全体城市居民的福利,以便城市中广大群众在体质上、精神上和道德上都能最大限度地发展。田园城市能够保证社区福利,市政当局在辖区内有效地防止过分拥挤,从而解决了现有城市不可能解决的问题;确保工人有较高的工资,尽可能为居民提供明亮、美丽的住宅;人人都能享有艺术和文化;社会成员有充分的机会按自己的意愿生产、行事,可以自由结成社团。

霍华德的确与众不同,他是不落俗套的规划师。长期以来城市规划的主导思想一直是要体现统治者的无上权威,而霍华德考虑的却不是怎样去迎合权势者的私欲,也不是解决城市的某些局部问题,而是关心城市发展的大方向,城市建设需要依靠的基本活力之所在,即广大劳动人民。田园城市理论体现了霍华德社会改革的愿望。他针对当时英国大城市所面临的问题,提出了用逐步实现土地社区所

① 〔英〕埃比尼泽·霍华德:《明日的田园城市》,金经元译,商务印书馆2010年版,第12页。

② 参见〔英〕埃比尼泽·霍华德:《明日的田园城市》,金经元译,商务印书馆2010年版,第94页。

有制建设田园城市的方法,来逐步消灭土地私有制,逐步消灭大城市,建立城乡一体化的新社会。他在城市规划指导思想上摆脱了显示统治者权威的旧模式,提出了关心人民利益的新模式。尽管以现在的眼光来看,他把社会制度的变革看得过分简单,对既得利益集团的反抗估计不足,幻想的色彩太浓,然而他的以人为本的理念的确是留给后人的一笔非常宝贵的精神财富,使得城市规划的立足点实现了根本性的转移。

二、山水城市

钱学森最早提出关于"山水城市"的构想。"山水城市"是具有中国特色的提法,是从中国传统文化角度,在传统山水自然观、天人合一哲学观的基础上提出的21世纪城市发展模式。"山水城市"这一提法看起来通俗,实际内涵丰富,可以看作"是以人的健康生活为出发点,以对自然环境的有效保护、城市特色的有机创造为原则,以人类的可持续发展为目标的现代化城市"①。

(一)山水城市要有中国的文化风格

钱学森提出建设山水城市,是要把中国传统文化与现代化城市发展相结合。传统文化是增强一个城市认同感和凝聚力的宝贵思想资源,是支撑一个城市开拓发展的精神力量。钱学森认为,中国城市的建设应继承中国传统山水文化的历史脉络,使城市设计根植于本土文化。社会主义中国的城市首先应该要有中国的文化风格。他所构想的"山水城市"具有深厚的中国传统文化底蕴,是传统山水文化的集中体现。钱学森特别强调:"所谓中国的文化风格就是吸取传统中的优秀建筑经验。"②现代城市建设要吸收传统建筑中的合理部分,结合现代建筑需要,保留当地的历史文化特色。

钱学森重视东方文化特色的继承和弘扬。1990年7月31日他在给清华大学吴良镛教授的一封信中谈道:"我近年来一直在想一个问题:能不能把中国的山水

① 李玉文等:《中国城市规划中的山水文化解读》,浙江工商大学出版社2015年版,第140页。

② 鲍世行:《钱学森论山水城市》,中国建筑工业出版社2010年版,第22页。

诗词、中国古典园林建筑和中国的山水画融合在一起，创立‘山水城市’的概念？人离开自然又要返回自然。”①“山水城市”的概念在此信中首次见诸文字。在这里，钱学森试图通过探索中国传统诗词、古典园林和古代山水画背后所传递的中国传统审美方式和文化理念，使现代城市设计回归到中华民族文化的根源体系上，复归一种人与自然之间诗意的栖居关系。

钱学森认为，应该在研究、保护中国历史建筑文化的基础上，把中国传统建筑风格融入中国的现代建筑中。中国的古典园林有着精美卓绝、个性鲜明的艺术特色，钱学森多次提到要用中国的古典园林艺术来美化我们的未来城市。他在给吴翼的信中谈道：“在社会主义中国有没有可能发扬光大祖国传统园林，把一个现代化城市建成一大座园林？高楼也可以建得错落有致，并在高层用树木点缀，整个城市是‘山水城市’。”②在给顾孟潮的信中他又一次强调：“要发扬中国园林建筑，特别是皇帝的大规模园林，如颐和园、承德避暑山庄等，把整个城市建成为一座超级大型园林。我称之为‘山水城市’。人造的山水！”③钱学森设想的山水城市建设是要运用传统造园的思维方式和艺术手法，把整座城市作为一个大园林来规划建设，因地制宜、利用自然山水或创造自然式山水，与城市人工环境有机结合。

在钱学森看来，中国的城市建设还应借鉴中国传统山水画的风格特色。他在1992年给王仲的一封信中谈道：“所谓‘城市山水’即将我国山水画移植到中国现在已经开始、将来更应发展的、把中国园林构筑艺术应用到城市大区域建设，我称之为‘山水城市’。这种图画在中国从前的‘金碧山水’已见端倪，我们现在更应注入社会主义中国的时代精神，开始一种新风格为‘城市山水’。艺术家的‘城市山水’也能促进现代中国的‘山水城市’建设，有中国特色的城市建设——颐和园的人民化！”④写意山水的高超艺术手法，蕴含着浓厚的传统思想文化内涵，值得我们继承与发扬，山水城市必须有意境美。山水画作为中国画优秀传统的一部分，注重整体氛围的营造，合理运用线条和色彩，巧妙布局、富于变化、造型丰富生动、比例匀称协调，汲取中国传统山水画中的精妙之处来建造山水城市，将楼阁融于山水，营造出古雅清逸的优美意境，城市中的人们徜徉其间，充满写意性的表现

---

① 鲍世行：《钱学森论山水城市》，中国建筑工业出版社2010年版，第43页。

② 鲍世行：《钱学森论山水城市》，中国建筑工业出版社2010年版，第52页。

③ 鲍世行：《钱学森论山水城市》，中国建筑工业出版社2010年版，第56页。

④ 鲍世行：《钱学森论山水城市》，中国建筑工业出版社2010年版，第54页。

和意境美,正如钱学森所说:“中国唐代李思训的金碧山水就要实现了!”①

“山水城市”这一理念的提出,植根于中国古典传统文化和历史,融合了中国山水诗、山水画、园林艺术等深邃的文化内涵,从而有着诗情画意、园林美和建筑意,体现着中国独特的文化风格与底蕴。

(二)山水城市也是高技术城市

山水城市是以现代科技手段建设的面向未来的城市。山水城市有广博深厚的文化内涵,其建设也离不开不断发达的科学技术。中国博大精深的传统文化是孕育山水城市的精神源泉,日新月异的科学技术和快速发展的社会经济是山水城市建设的物质基础。

钱学森设想的山水城市是要在传统山水文化的基础上,利用现代高新技术,再造自然环境,使城市具有地方文化特色,使生活在城市中的居民有回归自然之感,是一种融合了技术和自然的现代人居环境。在1995年给顾孟潮的信中,钱学森谈道:“我想讲要有中国文化,并不排除在建筑和城市建设中充分应用现代科学技术;相反,我们应将二者融为一体,构筑21世纪的‘山水城市’!”②可见,山水城市的建设一方面离不开对中华民族历史文化传统的继承,另一方面也离不开对现代科学技术成果的运用。钱学森作为杰出的科学家,对科学技术在山水城市中的运用极为重视,反复强调建设山水城市要充分利用现代科学技术成果,山水城市也是高技术城市。他在给杨国权的信中明确表示:“‘山水城市’还要充分引用现代科学技术成果,也是高技术城市。”③现代城市的建造发展与科学技术是密切相关的,山水城市的不断发展同样也离不开科学技术的发展运用。“今天的高楼大厦是用了现代科学现代器材才能建起来的。所以我们说‘山水城市’如果不用20世纪、21世纪的科学技术,就不可能实现。我国新一代建筑师们要充分发挥高新技术的可能作用啊!”④

钱学森在给朱畅中的信中说:“我想‘山水城市’也是新世纪的大事,所以它必然也是高新技术建筑的城市。这很重要。”⑤他认为现代科学技术的不断进步将

① 鲍世行:《钱学森论山水城市》,中国建筑工业出版社2010年版,第22页。
② 鲍世行:《钱学森论山水城市》,中国建筑工业出版社2010年版,第127页。
③ 鲍世行:《钱学森论山水城市》,中国建筑工业出版社2010年版,第184页。
④ 鲍世行:《钱学森论山水城市》,中国建筑工业出版社2010年版,第230页。
⑤ 鲍世行:《钱学森论山水城市》,中国建筑工业出版社2010年版,第232页。

会大大改变我们居住的城市和人们的生活工作方式:“所谓21世纪,那是信息革命的时代了,由于信息技术、机器人技术,以及多媒体技术、灵境技术和遥感技术的发展,人可以坐在居室通过信息电子网络工作。这样住地也是工作地,因此,城市的组织结构将会大改变:一家人可以生活、工作、购物,让孩子上学等都在一座摩天大厦,不用坐车跑了。”①山水城市的建设是具有时代精神的,伴随着信息革命的发展,可以大大减少人们的往来活动,居民在各自家中就能够办公,因此有可能解决交通堵塞、空气噪声污染等问题,从而大大改善生态环境。山水城市的建设反映了城镇化的发展方向,在未来的山水城市中,一个建筑小区中就具备了住家、中小学校、商店、服务设施、医疗中心、文化场所等日常基础设施,人们生活极为便利。山水城市中还有高效的公共交通,可供远离小区外出访友、游览的人们使用。距离再远人们可以选择民航、高速铁路或水路航船等交通方式,从而避免私家车的泛滥。在山水城市的一个个建筑小区之间,建成大片园林,有森林花木,居民可以在其中散步游憩或做运动锻炼身体,这些都要依靠现代科学技术才能得以实现。

钱学森作为杰出的科学家,对未来城市建筑采用高新技术非常关注。他多次强调山水城市的构筑要充分利用现代科学技术,不能忘记现代科学技术的创造力。钱学森认为:“现代科学技术是能办许多古人实现不了的事的。”②他以科学家的敏锐眼光,注意将国内外的先进科学技术引入中国21世纪的城市建设之中,例如利用电子计算机创作的灵境技术可以帮助人们设计建筑,利用太阳能来建造节能建筑,利用机器人技术来建设城市,运用植物嫁接技术,倡议推广非开挖铺设地下管线技术等。1995年2月4日,他在给顾孟潮的信中写道:“要更新,不能保守。21世纪即将来临,我们在建筑上也要有准备。如下个世纪的建筑会是什么样的……新建筑一定是充分利用高新技术的。这一观点,我国的建筑界似乎讨论得不够。您能促进大家更多重视高新技术的应用吗?”③钱学森认为要以马克思主义哲学作为指导,用建筑科学来建立21世纪社会主义中国的人居环境。建造山水城市需要借鉴中国传统的园林建筑,但是只有充分利用新的科学技术,人造山和水才能使这种传统的园林建筑有新的发展,才能称得上是高级的山水城市。

---

① 鲍世行:《钱学森论山水城市》,中国建筑工业出版社2010年版,第75页。

② 鲍世行:《钱学森论山水城市》,中国建筑工业出版社2010年版,第215页。

③ 鲍世行:《钱学森论山水城市》,中国建筑工业出版社2010年版,第117页。

可以说,山水城市的构想从提出到不断深化发展,始终伴随着科学技术的进步,未来的山水城市就是现代科学技术之城。

(三)山水城市是21世纪社会主义中国城市构筑的模型

钱学森以科学家敏锐的洞察力和极大的热忱关注着中国社会主义未来城市的建设。他从中国的实际出发,寻求一条城市与自然和谐发展的道路,明确提出:"社会主义中国应该建山水城市。"①认为山水城市是新世纪的大事,也是建设中国特色社会主义的一个重要课题。中国所要建造的山水城市,是政治经济、社会生态、科技、人文的有机融合,是适宜人类居住的现代化城市。山水城市的构想具有突出的科学性和东方文化色彩,对于我国21世纪的新型城市建设具有重要的理论指导意义。

钱学森提出"山水城市"的设想,是为了应对中国快速城市化进程中日益突出的城市问题,为保证城市的可持续发展,而提出的符合中国文化传统和时代精神的理想城市模式。随着我国经济社会的快速发展,人们的生活节奏日趋紧张,城市的人居环境也日趋恶化,人们渴望回归自然,拥有绿水青山、鸟语花香的生活环境。钱学森曾经质疑:"现在我们看到,北京市兴起的一座座长方形高楼,外表如积木块,进去到房间外望一片灰黄,见不到绿色,连一点点蓝天也淡淡无光。难道这是中国21世纪的城市吗?"②为了改变中国城市的面貌,钱学森提出城市建设要总览中国历史文化,以"天人合一"的哲学思想作为指导,发扬中国的山水文化精神,注重与自然的高度融合,利用先进的科学技术手段,建造具有鲜明中国特色的舒适宜人的理想人居空间模式,即山水城市。山水城市是能够与人们的情感产生共鸣并充满诗情画意的现代人居空间,是21世纪社会主义中国城市发展的最佳模式。"山水城市"的核心精神是:尊重自然生态,尊重历史文化,重视科学技术,运用环境美学,为了人民大众,面向未来发展。③

钱学森关于山水城市的构想,强调在现代文明条件下人文形态与自然形态的协调融合,既要搞好环境美,又要充分应用祖先留下来的园林艺术珍宝,其目的是要让现代中国的居民百姓都能够享受到"回归自然""天人合一"的美好境界,让

① 鲍世行:《钱学森论山水城市》,中国建筑工业出版社2010年版,第21页。
② 鲍世行:《钱学森论山水城市》,中国建筑工业出版社2010年版,第56页。
③ 参见鲍世行:《钱学森论山水城市》,中国建筑工业出版社2010年版,第179页。

人们的身心得到安顿与慰藉。钱学森在1996年3月15日致李宏林的信中提出："我设想的山水城市是把我国传统园林思想与整个城市结合起来，同整个城市的自然山水条件结合起来。要让每个市民生活在园林之中，而不是要市民去找园林绿地、风景名胜。"①钱学森认为，即使是高楼大厦的建设，也可以借鉴中国古代园林建筑的手法，楼群的分布参差有致，并在其中布置一些树林花卉，绿地园林，使人工环境与自然环境有机融合在一起，让高楼中的人们望向楼外看时看到的不是一片灰黄，而是能够看到自然的景观。人们在这样的城市里面工作生活，能享受到便利的公共服务设施和可供休息的园林绿地。钱学森说："这是把古代帝王所享受的建筑、园林，让现代中国的居民百姓也享受到。这也是苏扬一家一户园林构筑的扩大，是皇家园林的提高。中国唐代李思训的金碧山水就要实现了！这样的山水城市将在社会主义中国建起来！"②

钱学森特别强调我们社会主义国家的建筑不同于封建社会的建筑和资本主义国家的建筑，我们的建筑为的是人民，为人民服务。1995年11月14日，钱学森在给高介华的信中写道："我们的山水城市还有一个内涵，这和国内同志要多讲，即其为人民的社会主义内涵——要让大家安居快乐，不是少数人快乐，而多数人在贫困……所以说透了，山水城市是社会主义的、中国社会主义的，我们把传统文化和社会主义结合起来了"。③ 钱学森认为，在过去的封建社会中为封建主阶级服务的园林、建筑，在资本主义社会中为大资本家独占的庄园，在社会主义的新时代，都是可以为广大的人民群众服务，用来美化普通居民百姓的生活居住环境，这体现出"山水城市"这一理念中蕴涵着的深厚的人民性与社会性。

钱学森提出建造山水城市，是对当代城市建设中存在问题的反思，也是对未来城市发展所做出的创造性构想。山水城市是未来城市的一种形态模式，是具有中国特色的，与自然环境相结合的，具有高度文明水准且适宜人类居住的现代化城市。山水城市的构想蕴涵着现代城市建设与中国古代山水诗词、古典园林、写意山水画的结合，蕴涵着自然环境与人工环境的结合，蕴含着科学与艺术的结合。山水城市可以说是以人的健康生活为出发点，以自然环境的有效保护、城市特色

---

① 鲍世行：《钱学森论山水城市》，中国建筑工业出版社2010年版，第167页。

② 鲍世行：《钱学森论山水城市》，中国建筑工业出版社2010年版，第22页。

③ 鲍世行：《钱学森论山水城市》，中国建筑工业出版社2010年版，第142页。

的有机创造为原则,以人类的可持续发展为目标的现代化城市。[①] 正如钱学森所说:"山水城市的设想是中外文化的有机结合,是城市园林与城市森林的结合。山水城市不该是21世纪的社会主义中国城市构筑的模型吗?"[②]

三、中国城市的未来:山水田园城市

(一)城乡一体化

城乡一体化是世界城镇化发展的必然趋势,也是中国未来要建成的山水田园城市的一个突出特征。城乡一体化是指城乡之间建立在平等基础上的一种相互协作、优势互补、互促共荣的关系状态。[③] 由于城乡对立是一种不科学、不和谐的城乡发展状态,是社会生产力进一步发展和经济社会全面发展的障碍,因此,在未来城市建设中坚持城乡并进、协调发展,实现城乡一体化,进而逐步消灭工农差别、城乡差别是实现社会主义现代化的必然要求。

未来的中国,随着社会生产力的不断发展,产业间的相互融合,城市和乡村将由分离、对立逐步走向融合、一体化,城乡之间实现一体协调发展,建立起平等、互促、共荣的新型城乡关系。在这种新型城乡关系中,城市不是乡村的主宰,乡村也不是城市的附庸,两者是平等的、和谐的。山水田园城市整合城乡资源,实现二者优势互补,是兼有城市和乡村优点同时又避免二者缺点的理想城市。随着乡村工业化、现代化和城市化程度的提高,未来在山水田园城市中,城市与乡村的界限将越来越模糊,城乡之间没有壁垒,城乡二元结构基本上已经不存在,传统的城市与乡村的划分将失去意义,城乡成为在经济、政治、文化、社会、科技和生态环境等方面高度一体化的有机整体。在山水田园城市中,城乡居民平等参与改革发展进程,共享改革发展成果,享有城乡无差别的生产和生活条件,国民待遇更加公平,城乡基础设施和公共服务实现一体化、均等化,生活环境普遍改善,全部居民在任何地方都能享受真正的城市生活,城乡居民共享艺术文化,人们的思想道德素质、

---

① 参见周建军、欧亚雄:《山水城市:未来城市发展的最佳模式》,载《东方视角》,1997年第1期。

② 鲍世行:《钱学森论山水城市》,中国建筑工业出版社2010年版,第22页。

③ 李秉文:《城乡一体化发展论》,甘肃文化出版社2010年版,第4页。

科学文化素质和健康素质均显著提高。

中国未来所实现的城乡一体化是全方位的一体化，不仅体现在经济发展方面，还体现在政治、文化、社会及生态环境等方面，城乡要素平等交换，公共资源均衡配置，广大城乡居民共享物质文明、精神文明和生态文明。山水田园城市中，城市与乡村有机结合，双方充分发挥各自优势，相互吸取先进的和健康的因素，相互合作，优势互补，共同发展。城市中既有优美的自然田园风光，又有强大的现代化功能，并保留丰富的历史文化内涵，形成现代城市与现代乡村协调发展、历史文化与现代文明交相辉映、人与自然和谐相融的新型城乡形态。

美国城市理论家芒福德指出："城与乡，不能截然分开；城与乡，同等重要；城与乡，应当有机结合在一起，如果问城市与乡村哪一个更重要的话，应当说自然环境比人工环境更重要。"①广大乡村不仅为城市提供粮食和原料，而且还是城市的绿肺和绿肾，为城市提供清洁的空气和良好的生活环境。在一定意义上可以说，城乡一体化就是把乡村的自然环境与城市的生活条件有机地结合起来，既可以享受城市的物质文明，又能够享受大自然的美。山水田园城市的魅力就在于将山水田园之美与城市生活品质充分结合，在现代化过程中实现城市与乡村的协调发展，把一切城市生活最生动活泼的优点同乡村美丽愉快的山水田园环境和谐地组合在一起，使人类社会与自然美景兼而有之，既让市民感受到乡村优美的田园风光，又让村民享受到城市生活品质，城市与乡村协调发展，人类与自然和谐共处。

看得见山，望得见水，记得住乡愁，不仅是乡村居民的追求，也是城市居民的期盼。山水田园城市注意保留乡村风貌和乡土味道，留得住青山绿水，记得住美丽乡愁。山水田园城市的周边有农田和园地环绕，这些农业用地既是生产用地又是城市景观、城市绿地，并且通过这些永久性绿地来避免城市的无限制扩张。城市中到处都能见到美丽的住宅和花园，居民居住在一座舒适美丽的城市之中，在享有现代生活方式的同时，山水田园城市还保留了乡村的自然景观和亲近大自然的人居环境，乡村所具有的田野、山林、溪流等的清新乐趣，居民通过步行或便利的公共交通瞬时即可到达享受。

山水田园城市除了具有优美的自然田园风光，还建立起了城乡一体化的基础设施体系，确保全体公民享有同等的生活条件。现代交通网络覆盖城乡，人们彼

---

① 〔美〕刘易斯·芒福德：《城市发展史：起源、演变与前景》，倪文彦等译，中国建筑工业出版社 1989 年版，第 6 页。

此之间的联系比以往住在拥挤的城市中更为密切和方便。城市的供排水、能源、通信以及环卫等基础设施延伸到乡村,按照绿色循环低碳的理念进行统一规划建设,乡村居民与城市居民一样享受到现代化的成果,享有无差别的生产生活条件。城乡都有清洁宽阔的街道,街道两旁植有成行的树木。城乡居民有宽敞明亮的住宅,住宅附近有公园绿地环绕,还分布有方便居民购物的商店。基本公共服务也实现了城乡居民间的均等化。城乡享有在教育、医疗、社会保障、职业技能培训等方面同质等量的公共服务,城乡之间由制度因素造成的多方面差距被消除,实现了多方面的社会公平,城乡居民享有公平的发展机会、充分的社会福利和同质的幸福感。

城乡一体化,并不意味着要消除城乡之间的一切差别,而是追求城乡统筹布局、功能有机协调、要素自由流动和公共资源的均衡配置,使城乡居民共同获得更多更大的实惠,实现城乡经济社会发展融合和良性互动。在山水田园城市,城乡居民平等参与现代化进程、共同分享现代化成果。劳动力、资金、技术、资源等各种生产要素在城乡地域空间上合理自由流动,产业结构合理分工和布局,社会生产力在城乡范围内优化配置,城乡要素平等交换,公共资源均衡配置,现代科技成果广泛应用,使城乡生产力的发展水平基本一致,城乡经济和产业实现有效互动和优势互补,城乡经济形成良性循环,经济差距缩小,城乡居民有充裕的工作机会,就业各得其所,可以健康、自然地务工和务农,且能获得较好的收入,没有繁重的体力劳动。山水田园城市形成了工农互惠、城乡一体的新型工农、城乡关系,实现了城乡居民共同富裕、城乡经济共同繁荣的目标。

山水田园城市可以使全体居民在任一地方都享受到真正的城市生活的益处,同时又避免特大城市的困扰,有利于人的全面发展和社会的和谐稳定。1878 年,恩格斯在《反杜林论》中指出:“城市和乡村的对立的消灭不仅是可能的,而且已经成为工业生产本身的需要。只有通过城市和乡村的融合,现在的空气、水和土地的污染才能排除,只有通过这种融合,才能使目前城市中病弱群众的粪便不致引起疾病,而被用作植物的肥料。”[①]未来的山水田园城市就是将城市和乡村生活所有的经济、健康、自然的因素组合在一起,促进人与自然、人与人的和谐发展,提高城乡的发展质量和效益,让全部社会居民都能够享有健康和舒适的生活。

---

① 《马克思恩格斯选集》第 3 卷,人民出版社 2012 年版,第 684 页。

（二）人在画中

对美的追求与享用，是人类共有的天性。在人类的生存与生活过程中，“美”始终天然地围绕在人们的身边。当人类最基本的温饱问题解决后，衣美、食美、宅美、车美，便无一不成为人们向往的目标。

为了回应现代人们回归自然、诗意栖居的美好愿望，2015 年 12 月在北京召开的中央城市工作会议指出：“城市建设要以自然为美，把好山好水好风光融入城市。要大力开展生态修复，让城市再现绿水青山。”使城市与自然融为一体，形成环境良好的城市生态空间，让居民百姓生活在山水如画的美景之中。

地理学家和区域规划学著名学者陈传康先生曾经指出：“传统的城市规划要求城市建公园供居民和观光客游玩，其实城市本身就应该是一个风景优美的公园。到处绿茵如画，建筑风格优美协调，名胜古迹得到保护，使城市变成为一个观光旅游的空间。山水园林城市应该是城市规划发展的方向。”①这正是未来的山水田园城市致力于达到的目标，通过对城市的总体规划和布局，顺应当地自然条件进行城市建设，形成城市与自然环境有机相融的景观格局，使城市本身成为一个风景秀美的公园，更多增加人们与自然环境接触的机会，让广大人民群众可以真正地亲近山水田园，展现出人与自然关系密切的美好图景。

山水田园城市的环境优美，与山水为邻，具有良好的自然景观风貌，城市建设强调要返璞归真，尊重自然，而不要过分地人工开凿雕琢。城市建设与周边的自然景观巧妙结合，充分保护和利用城市依托的自然山川地貌和郊区林地、农业用地等自然环境条件，把城市作为一个大园林进行整体规划设计和建设，发挥自然山水的优势与特点，倚山筑墙、引河入城，使城市与自然山水融为一体，突出自然景色的美，营造出山清水秀的生态空间。人贴近自然，自然融于城市，绿色是山水田园城市发展的基色，城市与自然和谐共生的美妙图景令人陶醉，置身于这样的美景之中，会使人们内心的烦躁一扫而空。山水田园城市的整体景观正如一幅天然图画，以自然山水为美，城市内的高楼大厦、道路交通、公园广场等组成要素因地制宜，顺应周围的地形巧妙布局，树木花卉错杂相配，城市建筑与自然和谐呼应，是对自然之美的必要补充，在满足功能需要的同时，创造丰富的城市景观，整个城市融入自然之中而诗意盎然，使人们身处都市，却可得自然山水之美，水在城

---

① 陈传康：《从城市建公园到如何使城市成为公园》，载《城市问题》，1993 年第 3 期。

中，路在花中，人在画中。进入了山水田园城市，即进入了画境，人在画中游，处处是景，步步生情。

山水田园城市强调人与自然的结合，这里有山有水，绿树如茵，水光潋滟，风景如画，城中美丽的山水田园风光不仅仅是供人们观赏的景色，更成为人们日常生活休闲的一部分，人与自然和谐相处并且完美结合。在山水田园城市，人们与青山为伍，与绿水作伴，在山水田园间纵情游览，置身于林木葱郁、山花满坡、风光旖旎、景色醉人的城市景色中，清新的空气让人心旷神怡。这里既可以欣赏秀丽的湖光山色，又可以欣赏建筑的轻灵俊秀，还有绿树红花相伴身旁，人们置身山水田园城市也便融入了自然的秀丽美景之中。山水田园城市通过匠心独运的植树栽花、置石理水，随处都可以看到大自然的绿色，轻松愉快漫步于山水田园之间的人们，与周边的河湖、绿地、建筑、农田等景观交织相融，形成了一幅景在城内、城在景中浑然天成的美好画卷。城市建设中体现建筑物与自然的融合，人工建筑物与风景园林绿地成适当的比例，使人工的美与自然的美交相辉映。每一条街道、每一座建筑都是精心设计而成，公共建筑风格清新、雅致，使人们的生活环境达到了一种极为优美的境地。整个山水田园城市充满了绿色，是一个非常美丽的家园，是一幅非常美丽的图画。

对于山水田园城市来说，要创作设计出景色如画且意境深远的风景，并不只是表面上简单的堆山理水、植树造景，还需要有内在的精神力量作为支撑。通过探索发掘中国古代山水画、古典园林和传统诗词当中所传递的审美方式和文化理念，使城市设计注重人的内在体验，使观者领会到独特的山水神韵，引发观者的情感共鸣，复归一种人与自然之间诗意的栖居关系。山水田园城市是在继承中华民族优秀文化传统的基础上进行的创新，城市建设充分考虑与当地的历史文化和社会风情相融合，利用当地的现有元素，注重突出本土景观特色，保护当地的自然与文化遗产，使现代城市能传承地域文化并形成独具特色的城市风貌，再将其融入自然山水之中，使如画的自然景观与丰富的人文景观相融合，既保留城市原有的文化底蕴，又具有现代浪漫气息的山水田园城市将展现在世人面前。这样建立起来的山水田园城市避免了现代城市建设“千城一面、千篇一律”的问题。

有美丽家园人类才有美好未来。缺少了青山绿水、碧海蓝天，再现代的城市也会面目可憎；失去清洁的空气、鸟儿的歌唱，再灵动的生命也会枯萎，没有异彩纷呈。生活在风景如画的山水田园城市中的人们，是自由的、快乐的、满足而充实的。

（三）宜居城市

未来城市还是宜居城市。优美的自然风光、良好的生态环境、完善的基础设施、安定和谐的社会环境、持续繁荣发展的经济以及浓厚的文化氛围，造就了宜居的山水田园城市。山水田园城市能够满足居民的物质和精神文化需求，是适宜人们生活、工作和居住的城市，让生活于其中的人们感到方便、和谐、舒心和各得其所。

胡宝哲将宜居城市看作是硬件和软件两方面的有机结合体："硬件方面包括用地功能规划布局合理，要有完善的各类城市基础设施、道路交通和服务设施，良好的生态环境，达到一定审美价值的城市景观。软件方面主要是经济和社会环境的营造，前者主要是指与居民生活关系密切相关的住宅、就业环境的提供，高效率的政府公共服务和稳定宽松的政策环境等，后者则是指良好的社会风气和治安，广泛的公众参与，有特色的、开放的、多元的城市文化等。"[①]山水田园城市作为真正的宜居城市，应该具备上述硬件和软件两个方面的条件。

山水田园城市是风景优美怡人的城市。环境优美怡人是宜居城市最为直观的标志，因此，城市空间环境山清水秀、整洁优美，人工环境与自然环境和谐相融，是宜居城市的一个基本特征。山水田园城市具备舒适宜人的自然环境，绿地覆盖率较高，有着分布均匀、合理的山水、田园、林木、花草，人工环境与自然环境和谐相融，将城市营建得像花园一样美丽，赏心悦目的自然景观使生活在其中的人们感到舒适和惬意，能够得到身心的放松和享受，增加了人们的幸福感和满足感。

城市具有宜人、舒适的环境，不仅仅是指城市中要有美丽的公园、气派的公共建筑如图书馆、博物馆、美术馆等，更重要的是城市能够更有效地发挥其功能作用，让生活在其中的居民感到方便、安全和舒适，有惬意感和归属感。城市是人们生活、工作的重要物质载体，与人们的日常生活紧密相关，营建宜居城市的根本目的就是为了方便居民的生活。城市需要漂亮的建筑和景观，同时更需要方便、经济和实用的配套功能。山水田园城市在城市规模、功能布局、道路交通规划、绿地和公共空间规划以及所有环境细节上做到合理、周到，满足普通市民日常生活最基本的物质生活需要。例如，商业服务设施、学校医院、停车场、垃圾处理等的设施规模、位置安排等都符合人的行为特点和要求，体现出为人民着想；同时还要符

---

① 胡宝哲：《营建宜居城市理论与实践》，中国建筑工业出版社 2008 年版，第 35 页。

合城市健康发展的长期要求,有利于城市的可持续发展。

一个城市是否宜居,主要在于居于此的大多数普通劳动者的生活质量状况。山水田园城市最基本的功能是最大限度地满足居民的美好生活需要,人们在居住、工作、休闲等方面的要求能够得到充分的满足。山水田园城市是一片能让人生活的乐土,城市建设从居住者的日常生活需求出发,并以此来衡量城市是否舒适、宜居。宜于居住的城市以适当的人口密度和建筑密度作为前提。过高或过低的人口和建筑密度都会影响到城市是否宜居。密度过高会使城市陷入拥挤,影响居民享受充足的日照、新鲜的空气和公共服务设施。密度过低又会造成土地资源的浪费。山水田园城市通过整体规划和合理布局,控制城市保持适当的人口密度和建筑密度,以保证居民的生活质量。城市里有健康舒适的住房,房屋面积适宜、结构合理;公共交通网络发达,交通出行便捷;有完备的基础设施和良好的公共服务体系,有较高质量的教育、医疗、卫生条件,是生活便捷舒适的城市。

山水田园城市环境优美、秩序井然、街道干净整洁、生活设施方便、草坪绿化赏心悦目、公共交通四通八达,闲暇时人们可以去博物馆、美术馆、展览馆欣赏艺术,也可以去公园、近郊原野感受大自然,人与人、人与自然关系和谐,日常生活方便舒适,能够满足城市中每一个人心中最深切的愿望。而这一切不仅需要有良好的物质环境,而且还需要具备良好的人文、社会和经济环境。

山水田园城市具备良好的经济环境,是经济持续繁荣发展的城市。山水田园城市拥有较好的经济基础、合理的产业结构和巨大的发展潜力,能够为城市居民提供充足的就业机会和较高的工资水平,让人们的生活更加有保障。城市建设中切实进行节水、节能、节约资源,实现城市可持续发展,既能满足现代人的需要,又不损害后代人的生存发展条件。

山水田园城市还是社会安定有序的城市。社会安定有序是衡量城市环境的基本指标,宜于居住的城市必须让人有安全感,而不是让人们生活在恐惧、害怕或暴力的阴影中,一个没有安全保障、秩序混乱的城市,宜居无从谈起。山水田园城市作为宜居城市,以保障人民的生命和财产安全为基本准则,公共设施规划中注重自然灾害的预防,并构建起完善的社会治安和社会保障体系,使每个人都有一个安全的家,都能在城市中过上健康、安全、有尊严、幸福和充满希望的美好生活。山水田园城市的治安良好,社区环境亲切和谐,人与人之间的关系融洽,居民安居乐业。城市建设还充分考虑到了儿童的安全问题和老人的活动空间问题,城市中有可供儿童自由玩耍的天地,也有老人聚会、聊天、娱乐、享受自然的场所,人们生活在一个更有秩序、更和谐、更安全、极少暴力和犯罪的环境中。

宜居城市既要满足人们居住、出行、就业、购物、安全、舒适的需要，又要满足人们审美和陶冶性情的需要。一个没有自身文化特色和品位的城市是无法留住人心的城市。因此，山水田园城市注重城市文化氛围的培养，保护具有重要历史意义、文化艺术和科学价值的文物古迹、建筑群、建筑物，重点保护有地方特色的历史风貌和自然景观，现代建筑融合当地的历史文化环境形成城市自身特色，并把城市特色凝聚成为城市精神，突出人文关怀，重视城市与人的亲和，使城市具有向心力和凝聚力，吸引人们在此定居。山水田园城市的文化丰富多彩，不仅包括对当地历史文化的传承，而且还包括对外来文化的尊重、包容和吸纳。

营造优秀的人居环境，创建宜居城市是我国未来城市的最终愿景。健康和谐的人文环境、健全的法制、良好的社会道德风气和精神文明氛围、普及的社会福利和较好的医疗卫生条件、充分的社会就业以及较高的教育水平和人口素质等，都是使山水田园城市成为宜居城市的重要因素。山水田园城市舒适宜人的自然环境和良好的社会文化环境，使山水田园城市毫无疑问是一个充满着健康、和谐、幸福和希望的人类美好家园。

四、山水田园城市的意义

当前，我国正处于城市化进程快速发展的时期。中国城市化的发展速度和发展规模都取得了举世瞩目的成就，但是在快速发展的过程中，曾经困扰西方发达国家的城市问题，也成为现在我国城市建设面临的突出问题，如城市用地用水紧张、空气水体污染、交通阻塞、住房拥挤、社会治安混乱、绿地匮乏、建筑过密等一系列的城市问题，随着我国城市化和城市建设的快速发展而出现。这些问题对人们的生产生活、身体健康带来严重的影响和损害，同时也阻碍我国城市的持续健康发展。为了摆脱城市化带来的这些问题，让城市生活变得更美好，使市民拥有更多的归属感，就需要探索出符合中国实际的理想城市模式。

（一）改善城市生态，形成良好生存环境

城市在促进社会进步和物质文化繁荣方面具有十分重要的作用，但是却在发展的过程中出现了脱离人类赖以生存的自然环境的状况。经历了工业的发

展、城市的膨胀以及人工对自然环境的加工与改造,人类社会的发展越来越摒弃自然、毁坏自然,人们在观念和生活方式上逐步远离自然。这带来了资源减少、生态破坏、环境污染、气候异常等恶果,并最终可能毁灭城市赖以生存的自然基础。当代中国已经进入了城市化高速发展的历史时期,在城市化发展过程中也暴露出了诸多问题,其中最突出的就是城市生存环境的恶化,不仅降低了城市居民的生活质量,而且还威胁到城市居民的身心健康。城市的无序扩张和规划失控等问题,对城市生态环境造成了严重的破坏,如城市过度密集、摊大饼式建设;建筑一片灰黄,绿地植物稀少,人们生活在钢筋混凝土的森林里,栖息在砖石的夹缝中;水体污染,自然资源枯竭,气候变化异常,雾霾笼罩难见天日,城市缺乏生机与活力等。

在人类社会文明程度不断发展的今天,人们越来越关注自身的生存环境,寻求改善生存环境质量的方法。为了遏制生存环境的进一步恶化,未来的城市发展需要从根本上调整发展理念,注重保护和改善城市生态环境,建设人与自然和谐共处的山水田园城市。

人类只有与自然和谐共生,保护好自然,合理地开发利用自然,才是人类的生存之本。城市虽然是一种人工环境,但是城市的建设必须依托自然,自然是城市的有力保障。处理好城市与自然的关系,保护好城市的自然环境与人文景观,防止人类生存环境的不断恶化,在我国城市化进程快速发展的今天,具有突出重要的意义。山水田园城市建设突出对人的身心健康的呵护,使每一个人都能享受到回归自然的城市环境。

山水田园城市树立起天人合一的自然生态理念,遵循自然生态规律,保护当地的自然景观而非肆意破坏,因地制宜,合理规划开发建设,更重视人们在环境中的体验。加强城市绿化和市容环境建设,山水田园的自然美得以凸显。城市中的环境如公园一般,整个城市就像一座大型园林,给人以美的享受。这里环境清洁、空气清新,适宜于人的居住和身心健康。优美、清新、健康、舒适的人居环境,可以更好地满足人们生活质量不断提高的需要。建设山水田园城市,意味着合理利用自然资源,积极保护自然景观,控制机动车尾气和工业废气排放,减少大气污染,逐步改善环境质量,实现用较少的资源能源消耗支撑城市的持续健康发展,使城市进入良性的循环发展模式,这对于遏制人类生存环境的进一步恶化具有十分重要的意义。

优美的人居环境和生态环境是增强城市吸引力和竞争力的重要因素。建设山水田园城市体现出人们对良好的城市生态环境的关注和追求,体现着人们对自身生存环境质量的关注,反映出忙碌的现代人对回归自然宁静的渴望,以及对美好生活的向往。建设山水田园城市,既能改善城市生态环境,又能提升城市的品质和市民的生活质量。

(二)保持和形成城市特色

优美的自然景观和悠久的历史文化都是城市发展中最宝贵的财富,需要特别珍视和保护。没有特色的城市是没有发展潜力的城市。城市的规划设计应该承载着地方的文化精神,形成自己的城市特色。而在现代城市的快速建设和发展中,城市设计与商业化联系在一起,盲目追求感官的冲击,片面追求技术的现代化,忽视城市地方文化所蕴含的精神特质和社会、历史等因素。城市的老街坊不断被摧毁,而新的建筑往往是简陋的"舶来品",它们几乎与当地的历史文化没有关联。城市的历史文化风韵逐渐被淡化,城市形态趋于商品化,按照统一的城市模式进行建设,导致千城一面,一病百病。千篇一律的城市风貌与没有文化灵魂的建筑形态,在中国的大地上被不断复制,导致人们的精神生活枯燥单调,审美陷入疲劳状态。

现代城市建设中历史的肌理正在消失,引发了现代人们对于传统文化与传统建筑的重新关注。如何延续和突出城市独特的传统风貌,是迫切需要解决的现实问题。城市发展与本民族的历史文化是不可分割的。传统文化是增强一个城市认同感和凝聚力的宝贵思想资源,是支撑一个城市开拓发展的精神力量。中国是一个具有悠久历史的国家,中华传统文化源远流长、博大精深。中国未来的城市设计需要维护城市发展在历史文化上的连续性,保留文明发展的脉络。山水田园城市是具有地域文化特色和历史传统的城市,在尊重当地文化风俗和历史内蕴的基础上,有所发展,有所创新,通过新的途径来表达本土建筑的民族和地域特色,展现独特的人文环境,改变千城一面的城市格局和千篇一律的建筑景观。

山水田园城市是具有自身文化气质的城市,也是重新发现自身历史、聚焦未来发展的城市。如果城市文脉出现断裂,城市特色逐渐淡化,现代城市就将失去自身的记忆,我们不能建造失去记忆的城市。因而,山水田园城市的规划设计应根植于本土文化,继承中国优秀传统文化的历史脉络,在环境建设中充分反映城市的文化风貌。城市建设鼓励将本土建筑传统融入新的城市建筑中,使建筑风格体现城市文化特色。城市设计者与艺术家共同合作,精巧构思,使城市的每一栋建筑、每一个街区都得到美化,与城市的整体环境相适应。道路街巷、房屋高度、建筑色彩、树木花草、广场雕塑等都经过精心的设计,体现现代文明与地方风格的完美结合。山水田园城市致力于解决城市特色的危机,注重对城市文脉的保护和发展,尊重城市的传统形态格局和自然环境条件,而不是一味地追求经济效益和政治效益,是具有传统文化根基和中国特色的城市。

(三)促进社会和谐稳定

在经济快速发展的当下,人们对美好生活的向往越来越强烈。山水田园城市着重关注人居环境与人文生活质量,促进经济、社会、人口、资源、环境的协调发展。山水田园城市摆脱了过去城市的肮脏、拥挤、混乱和单调,贯彻以人为本,坚持创新、协调、绿色、开放、共享的发展理念,形成经济、社会、环境相互协调的可持续发展格局,进入良性循环的发展模式,使人们在美的环境中生活得更方便、更舒心、更美好,人们追求真、善、美的内心境界,有助于改善人际关系,培养积极的品格,促进社会的和谐。山水田园城市形成了与自然和谐交融的人文景观、人居环境以及和谐的邻里关系,是人与自然、人与人和谐共处的城市。

建设山水田园城市是为了保障人民的福利,在这里人人平等,每个人都与大自然一起和谐地生存,同所有人一起和平地生活。城市建设与自然环境紧密结合,以最小的破坏为代价,创造出人文景观与自然景观和谐共存的局面。城市里有许多免费开放的公共设施,如大大小小、构思精巧的花园,所有的人都可以自由方便地进出,成为人们休闲放松的好去处,给城市中的人们带来自然的清新和绿意。城市里还有许多像图书馆、博物馆、美术馆、音乐厅这样的公共建筑,文化和艺术氛围浓厚。城市的街区干净整洁,且分布有许多商店、餐厅等,方便人们的日常生活和社会交往。

山水田园城市贯彻有利于生产、方便生活、促进交流、繁荣经济、促进科学技术文化教育事业发展的方针,有利于城市综合功能的发挥。这里有良好的社会治安环境,使人们可以安稳踏实的工作生活,而不用为社会治安状况而担忧。只有社会秩序稳定,人们才能安居乐业,城市才能稳定发展。山水田园城市致力于增加社会可支配财富,提高城乡居民收入,实现社会保障、公共服务、发展机会和社会权利的均等化,缩小城乡差距,使社会各阶层共同受益,有效减少贫困人口,缩小贫富差距,缓解社会矛盾,有利于促进社会的稳定和城市的繁荣。过去城市化的发展改变了人们的居住和生活格局，也改变了人们的交往方式。住在高楼林立的城市中，导致了人际关系疏离，人与人之间的情感淡漠，以至于邻里之间都变得陌生，无法形成守望相助、和谐共处的邻里关系。而在山水田园城市，人们享有安心、舒适的生活环境，整个城市是一个和谐的大社区，在健康和谐、人性化设计的城市环境中，邻里之间互相关心、互相帮助，充满了人与人之间的温情，不同背景的人们在这里都能够融洽相处，在一起愉快地工作与生活，有利于社会长期稳定发展。

（四）为中国的未来城市发展探索一个新模式

不同的城市发展理念会形成不同的城市发展模式，而不同的城市发展模式又会产生不同的城市发展结果。① 为了创造更加理想的生存环境和更加美好的城市生活，需要人们对未来城市的发展理念与发展模式进行新的探索和选择。处在高速城镇化时期的中国，要避免西方城市发展“先污染、后治理”的老路，走出一条独特的可持续发展的城市化道路。建设山水田园城市，旨在建立一种理想的人类栖居环境，正确处理人与自然、人与社会的关系，提高城市的环境质量和保证居民的身心健康，增强人们对自然和城市的归属感。建设山水田园城市是现代社会发展的大势所趋、人心所向。

为了人类更好地生存和城市更好地发展，需要走山水田园城市建设之路。山水田园城市这种未来城市理想模式中所包含的人文关怀与生活境界，在快速发展的现代社会，仍然是人们向往的理想生存环境，具有重要的现实意义。山水田园城市以更具生态性、创新性、文化凝聚力和国际包容性的更优化的城市形态，支撑我国未来城市社会的健康、稳步和快速发展，使城市摆脱发展的困境和病态，提高城市居民生活质量。山水田园城市是经济繁荣、社会和谐、生态环境协调、人民生活幸福的理想生存和发展环境。

山水田园城市践行以人民为中心的发展思想，城市建设强调一切要以人的需要和发展为本，关注市民的日常生活，了解他们的真正需要，把以人为本的理念落实在城市规划、设计、建设和管理的全过程中，在每一个具体环节上体现“满足市民需求、服务市民生活、维护市民利益”的城市建设宗旨，为市民创造良好的人居环境和发展空间。山水田园城市是以人为中心的、适宜人居住与活动的城市，是

---

① 姜建成：《家园城市》，中国计划出版社 2005 年版，第 15 页。

具有良好生态、优美风光、历史传统和富有地域文化特色的城市。山水田园城市把广大市民的需要作为城市发展的出发点和归宿,尽可能满足社会各阶层发展的共同愿望,并为人们的社会交往提供最大的便利和安全保障。山水田园城市重视人的尊严、人的平等,致力于消除贫困和不平等现象,现代文明和高质量的城市生活为市民共享。

山水田园城市是自然与社会相和谐、物质与精神相统一、服务与生活相配套的理想城市。建造山水田园城市,是要让中国的每一个公民都可以过上健康快乐、安全幸福和充满希望的美好生活,让我们的城市在未来发展中变得更加平等、更加美丽、更加宜居,真正成为人们共同的理想家园。城市建设充分考虑到城市自然环境、资源条件、历史情况和传统文化等因素,统筹兼顾、合理安排,注重保护城市的生态环境和民族历史风貌,形成一种人工环境与自然环境相和谐的、可持续的城市发展模式。这里既有完善而优美的物质环境,又有温馨而和谐的文化氛围,为市民提供自由、轻松、舒适、和谐的生活环境。

山水田园城市毫无疑问是未来一种质量更高、更能满足人们发展需要的城市发展模式。其意义在于为中国城市的发展提供一种参考,为城市问题的解决提供一种思路,为中国未来的城市发展提供一种模式,一种适宜人们居住、生活和发展的城市模式。一个充满诗情画意的现代人居空间——山水田园城市,正是未来中国城市发展的一种新型模式。

后　记

本书是2014年教育部人文社会科学研究专项任务项目“以人为核心的新型城镇化理论”的最终研究成果。全书由潘可礼和陈玉峰统筹规划。第一章和第二章是关于新型城镇化研究的理论部分,分别由潘可礼和张海防撰写。第三章、第四章和第五章是实践部分,分别由陈玉峰、杨若冰和王莎莎完成。最后一部分展望了新型城镇化的美好前景,由刁川夏执笔。

在本书写作过程中得到各方面的无私帮助,在此我们表示衷心感谢:首先,感谢教育部人文社会科学研究专项任务项目的资助;其次,感谢南京师范大学张之沧教授、王永贵教授以及临沂大学徐东升教授、张立梅教授的帮助;最后,感谢中央编译出版社的鼎力支持和编辑们付出的辛勤劳动。另外,因时间紧、任务急,加之参与撰写的作者较多,难免出现内容上的疏漏和质量上的欠缺,敬请专家、读者赐教。

潘可礼

2019年9月4日